AK TRIVIA SPECIAL

고대 격투기

오사다 류타 | 지음   남지연 | 옮김

일러두기_이 책은 산돌/Noto Sans/Noto Sans UI/Noto Serif 서체를 이용하여 제작되었습니다.

머리말

이 책은『중세 유럽의 무술』,『속 중세 유럽의 무술』의 자매본으로서, 서기 400년경까지 지중해 세계를 중심으로 발달한 격투기에 관하여 소개한다.

스포츠와 무술의 정의 차이가 그렇듯 격투기와 무술의 경계선도 상당히 모호하여 많은 논의가 이루어지고 있으나, 이 책에서는 격투기=스포츠(명확한 규칙에 의하여 시합이 통제되며 살상이 아니라 상대에게 이기는 것이 목적인 전투기술 체계), 무술=전투술(명확한 규칙이 존재하지 않으며 상대의 살상이 목적인 전투기술 체계)이라 정의한다. 다만 당시의 전투기술을 더욱 자세히 소개하기 위해 예외적으로 무술의 장도 마련하였다.

이러한 정의 가운데 검투는 과연 격투기인가 의문을 갖는 독자가 많을 것이며, 실제 학자들 사이에서도 검투사를 운동선수로 보아야 하는지에 대한 논의가 벌어지고 있다. 하지만 (전모는 알 수 없으나) 명확한 규칙이 존재하는 점, 상대의 살상을 목적으로 하지 않는(이에 관해서는 본문에서 자세히 다룬다) 점에서 이 책은 전술한 격투기의 정의에 충분히 부합한다고 보고 소개한다.

또한 나아가 기법뿐만 아니라 당시의 훈련법을 소개하고, 격투가들을 둘러싼 주위 환경의 일단을 살펴보고자 한다. 이 장에서는 현대의 것이지만 고대 페르시아의 전통을 잇는다고 일컬어지는 주르카네에 관하여 다룬다.

고대 격투기라 하면 수천 년 전의 것이므로 현대나 중세의 격투기·무술과 같은 교본은 거의 남아 있지 않아 그림 자료를 보고 판단할 수밖에 없는 실정이다. 더구나 당시에는 유럽 르네상스 이후의 전통에 준한 3차원적 사실법(寫實法)이 존재하지 않았다. 즉 반추상적 회화법이 주류인 시대였기 때문에 인체의 구조와 각 부위의 연계·포즈의 사실성·원근 표현이 존재하지 않아 기술 용법의 해석이 불가능에 가까운 것도 많다. 따라서 레슬링의 장 등에서는 군이 기술을 세세히 분류하지 않고 대략적으로 구분한 뒤, 따로 '해석 불명' 항목을 마련하여 자료를 있는 그대로 소개함으로써 독자 스스로 해석할 여지를 열어두었다.

또한 마지막으로, 이 책에서는 주요 내용으로서 국내 최초로 고대 이집트의 레슬링, 스태프 파이팅, 복싱 기술 거의 대부분의 그림 자료와 고대 로마 검투사에 관한 거의 모든 종류의 정보를 게재하고 그 전투법을 추정하여 소개하고 있다.

특히 고대 이집트 레슬링 기술의 집대성이라 할 만한 베니하산 무덤 유적군에서 발견된 총계 600개에 달하는 벽화 자료 전부를 게재하여 독자가 자유롭게 해석할 여지를 만들고자 하였다.

목차

개설 : 스포츠의 역사와 사회적 입장

현재 스포츠는 경기 스포츠와 레크리에이션 스포츠의 두 종류로 나누어진다. 전자는 대회 등 경기에 출장하여 우수한 성적, 가능하면 우승을 목표로 하는 것이며, 후자는 취미나 건강 촉진 등을 목적으로 행한다.

그렇다면 고대에는 어땠을까. 위의 두 가지에 해당하는 사례도 있으나, 대부분의 경우 당시의 스포츠는 현대 스포츠와는 전혀 다른 측면을 가지고 있었다.

우선 당시의 스포츠는 종교·정치적 측면이 매우 강했다는 사실을 알아둘 필요가 있다. 이를테면 유명한 올림픽은 제우스 신의 축제에 부수된 경기대회였고, 그 밖에도 그리스 로마 시대에 존재하던 경기대회는 검투 시합도 포함하여 모두 얼마간 종교·정치 이벤트(신의 축제·장송의례·군주의 즉위나 생일 등)와 관련되어 있었다. 이집트와 메소포타미아에서는 스포츠 대회가 신의 현신이라고도 할 수 있는 국왕의 권위를 높이고 칭송하려는 목적으로 거행되었다. 잘 알려진 것으로는 국왕이 자신의 지배력을 과시하기 위해 달리기를 하는 세드 축제를 꼽을 수 있다.

또한 당시의 스포츠는 상류 계급 남성이 남아도는 시간과 돈을 활용하여 시행하는 것이었다는 점도 중요하다. 현대 서양에서 즐기는 스포츠, 예를 들면 폴로와 사냥, 승마 등에 가까운 감각이다. 당시의 스포츠는 일종의 사회적 신분이자 교류의 장이기도 하여 그곳에 여성이나 빈민, 외국인의 자리는 없었다.

'고대 올림픽은 누구나 참가할 수 있는 자유로운 대회였다'고 흔히 말하지만, 실제로는 '그리스인'으로서 '여비 및 체재비를 스스로 부담할 만한 재력을 가진' '노예가 아닌' '남성이라면' 누구나 참가할 수 있는(정확하게는 예선에 해당하는 것이 있어 누구나 참가할 수는 없다) 것에 불과했다(후에는 로마인도 '명예 그리스인'으로서 참가 가능했다).

고대 스포츠, 그중에서도 격투기에 관하여 가장 많은 정보를 얻을 수 있는 것은 그리스의 스포츠이다. 대략 기원전 600~300년경을 중심으로 한 시대이지만, 많은 저술가와 이론가의 저작을 통해 매우 자세히 당시 사람들의 머릿속에 들어 있던 스포츠상을 파악할 수 있다. 그리고 거기에서 드러난 스포츠상은 우리가 생각하는 것과는 전혀 다른 이질적인 것이었다.

● 현대의 스포츠상

그러면 당시의 스포츠상으로 넘어가기 전에 현대의 우리가 생각하는 스포츠상에 관하여 살펴보자.

먼저 레크리에이션. 다시 말해 스포츠를 즐기는 것. 그것은 단순한 스트레스 발산일 수도 있고, 시합이나 어려움 뒤에 찾아오는 달성감을 얻기 위한 것일 수도 있다. 다만 공통된 것은 스포츠를 통해 정신적 '쾌락'을 얻는다는 점이다.

다음으로 스포츠맨십. 무도(武道)에서도 정신 수련 측면이 강조되듯 스포츠 활동을 통해 예의와 강한 정신력, 청렴결백함을 갖춘 인간이 되고자 하는 것이다. 이는 나아가 '참가하는 데 의의가 있다'고 하는 현대 올림픽 정신과 '승리에 교만하지 않고 패자를 업신여기지 않는' 예의, 금품이나 명성을 얻는 수단으로서의 스포츠에 대한 부정 등으로도 이어진다.

그리고 두 번째로 든 스포츠맨십과도 공통된 개념으로서 스포츠를 통한 친선과 교류. 특히 종교·인종·문화·계급을 초월하여 한 무대에서 대등하게 경쟁함으로써 세계 평화와 국제 친선을 꾀하는 것이다. 국제 친선 시합 등이 이러한 면을 나타낸다고 할 수 있다.

건강 증진도 중요한 요소이다. 운동을 통해 체력을 기르고 건강한 생활을 보내며 노화 방지에 도움을 주는 것이다.

● 고대의 스포츠상

이제 고대 스포츠의 개념에 관하여 살펴보자.

먼저 레크리에이션으로서의 스포츠인데, 고대 그리스어로 오락은 'Schole'라 불렸다. 한눈에 알 수 있듯 '스쿨', '스콜라'의 어원으로서, 당시에는 철학 논쟁 등의 학문을 일종의 오락이라고 여겼던 데서 기인한다. 그렇다면 스포츠는 어떨까. 이 경우는 완전히 반대다.

고대 그리스어로 '시합', '경기'를 나타내는 단어는 'Agon'이라고 한다. 이는 영어로 '고뇌·고통'을 뜻하는 'Agony'의 어원으로서, 고대 그리스어에서도 '고통', '고행'이라는 의미를 갖는다(또한 아곤에는 '재판', '제작'이라는 뜻도 있으니 단적으로 인간의 활동이 곧 고행인 것이다). 나아가 애슬리트와 애슬레틱의 어원인 'Athlon'의 동사형 'Athleuo'는 '대회에 참가하다', '고생하다'라는 의미이다. 헤라클레스의 12가지 고행이 'Dodekathlon'이라 불리는 데서도 알 수 있듯이 그리스인에게 스포츠는 괴로운 것이었지 즐기는 대상은 아니었다.

다음으로 소개한 스포츠맨십. 이것이 가장 현대와 동떨어져 있다. 한마디로 그리스인에게 스포츠란 '이기는 데 의미가 있는' 것이었다. 2등 이하는 가혹한 대우를 받았으며 놀

랍게도 집단 린치를 당했으리라 추측되는 문장도 남아 있어 패자를 칭찬한다는 인식이 없었음을 알 수 있다(고대 이집트의 경우에도 승자가 왕 앞에서 패자에게 실컷 욕설을 퍼붓는 그림이 남아 있는 것으로 보아 패자에 대한 경멸은 고대 공통의 것인지도 모른다).

게다가 여러 서사시에 기록되어 있는 경기 장면에는 상대를 위협하려 욕설을 퍼붓고 허세를 부리는 경기자와 살의를 가지고 시합에 임하는 경기자, 물리친 상대를 매도하는 경기자, 시합에 개입하는 신들(과 개입을 기원하는 선수) 따위가 등장할 뿐 현대인이 이상적으로 여기는 '깨끗하고 정정당당하며 아름다운' 스포츠맨의 모습은 없다.

왜 그랬을까. 그것은 고대 그리스 사회의 근저에 흐르던 강렬한 경쟁주의 때문이다. 당시 남자들은 온갖 분야에서 기회가 있을 때마다 타인보다 우수한 인간임을 끊임없이 증명해야만 했다. 스포츠 역시 마찬가지다. 무엇보다 스포츠만큼 확실히 우열이 갈리는 것도 없다. 바로 그렇기에 그리스인에게 스포츠란 '이기기 위해 하는 것'이자 그 뒤에 따라오는 금품(앞서 소개한 Athlon의 첫 번째 뜻은 '상품'이다)과 명성, 정치적·사회적 영향력을 얻는 수단이었다. 그래서 우승자는 자신의 승리를 크게 선전했다. 올림피아에는 우승자를 찬양하는 시를 지으려는 시인들이 몰려들어 주문을 받기 위해 노력했으며, 표면상으로는 승리에 대한 감사였으나 우승자의 동상도 대대적으로 세워졌다.

그런 까닭으로, 세 번째로 언급한 다양한 차이를 초월하여 대등하게 교류하기 위한 수단으로서의 스포츠도 존재하지 않는다. 애초에 상대에게 이기는 것이 스포츠의 존재의 의인데, 꼭 친해져야 할 필요가 있을까? 고대 그리스인은 그렇게 생각했을 것이 틀림없다. 게다가 스포츠 대회는 종교 행사로서 당연하게도 같은 신을 모시는 동일 문화권 사람들이 모이는 이벤트이지 외지인이 참가하는 자리가 아니었다. 그리고 종교 행사에 따르기 마련인 이런저런 금기 가운데 가장 두드러진 것이 참가 자격의 제한이다. 여성 금지였던 올림픽이나 남성 금지였던 헤라이아 제전이 그랬듯 금기를 깬 사람에게는 죽음이 기다리고 있었다. 그런 상황에서 이문화 교류가 이루어질 수 있을 리 없다.

또한 앞서 말한 대로 스포츠는 사회적 격차를 내포하는 것이었다. 예를 들어 베로이아 시의 운동장 규칙에는 상인의 입장을 금지하는 조항이 있었고, 호메로스의 『오디세이아』에서는 스포츠 참가를 거절한 주인공이 스포츠보다 돈 계산을 좋아하는 장사꾼으로 취급받았으며, 기원전 6세기의 핀다로스가 양치기, 소작인, 새잡이와 어부는 끼니를 신경 쓰고 전사와 스포츠맨은 명성을 신경 쓴다고 서술한 것처럼 둘 사이에는 엄연한 격차가 있었다.

소크라테스의 제자 알키비아데스와 마케도니아의 왕 알렉산드로스 등이 신분이 낮은 선수와 운동하기를 단호히 거부한 데서 알 수 있듯이, 스포츠를 통한 만민평등사상의 발전 따위는 그들의 머릿속에 전혀 존재하지 않았다. 당시 사람들은 노동은 건강에 나쁘고 심신을 추하게 만들며, 스포츠는 건강에 좋고 심신을 아름답게 연마해준다고 생각했다. 고대 경기에 마라톤 등의 초장거리 달리기 종목이 없는 것도 전령이라는 노동을 연상시키기 때문이었다.

고대와 현대 스포츠에서 유일하게 공통되는 개념이 건강 증진 효과이다. 하지만 그 사정은 다소 다르다. 그리스와 로마에서 스포츠는 군사훈련의 일환으로 간주되었기 때문이다. 그래서 프로스포츠 선수가 '경기에 지나치게 특화되어 실생활에는 도움이 안 된다, 이런 쓸모없는 놈'이라며 비판받는 일도 있었다. 운동을 하여 심신을 단련함으로써 국가를 수호하고 발전시키는 강한 병사가 되는 것이야말로 스포츠의 역할이라 인식되었던 것이다.

알몸으로 진행되는 경기

고대 그리스에서 가장 기묘한 습관은 운동을 알몸으로 한다는 점일 것이다. '운동하다'를 뜻하는 동사 Gymnazesthai는 본래 '알몸이 되다'를 뜻하는 단어로, '알몸(Gymnos)'이 영어의 체육관(Gym)과 체조(Gymnastics)의 어원이 된 데서도 알 수 있듯이 나체와 스포츠는 밀접한 관계가 있었다.

이러한 특이성은 그리스인 자신도 인지하고 있었으며, 훗날 그리스인으로서의 정체성을 확립하는 요소 중 하나가 되었다. 그리스 문화를 그렇게나 받아들인 로마에서조차 나체로 운동하는 것에 대한 저항이 상당했다.

이 풍습은 어디에서 생겨난 것일까. 호메로스의 서사시에서는 운동을 할 때 허리옷을 입고 있는 것으로 보아 서사시 성립기인 기원전 800년 이후, 그리고 항아리 그림 등에서는 기원전 600년경까지 허리옷을 착용하고 있으므로 대략 기원전 7세기경에 도입되었다고 여겨진다.

전승에 따르면 나체로 운동하는 습관은 스파르타에서 나타나 그리스 전역으로 확산되었다고 한다. 또 다른 전설에는 크레타가 나체 운동 관습의 발상지로 되어 있다. 또한 유적에서 발굴된 비문에 따르면 그 기원은 기원전 720년의 올림픽 대회에 참가한 메가라의 선수 오르시포스라고도 한다. 그는 달리기 경주 도중 허리옷이 벗겨져 알몸이 되었으나 그대로 달려 결국 우승하였는데, 그것을 본 스파르타의 아칸토스가 허리옷을 입지 않는 편이 더 빠르지 않을까 생각하고 전라로 다음 2스타디온 경주에 참가하여 우승한 결과 나체 경기가 확산되었다는 것이다.

기술 도해 파트에 관하여

기술 도해 파트에서는 각 기술을 '기술명', '기술이 사용되던 시대·지역, 참고 일러스트(기술이 묘사된 당시의 회화 자료)', '도해(회화 자료를 통해 추측할 수 있는 기술 용법)', '베리에이션(도해에서 해설한 것과는 다른 버전)', '카운터(반격기의 도해)'로 나누어 해설하고, 도해와 카운터 항목에는 참고한 회화 자료를 도해 일러스트와 함께 게재하였다.

다만 고대의 기술은 현재의 것처럼 기술 분류를 낱낱이 파악할 수 없기 때문에 필연적으로 대강 분류할 수밖에 없어, 몇몇 기술이 매우 많은 베리에이션과 카운터를 포함하게 되었다. 따라서 기술 해설 공간이 커져 본편의 가독성을 떨어뜨리는 것을 방지하기 위해, 도해와 카운터의 참고 일러스트는 특별한 경우를 제외하고 하나로 한정시킨 뒤 나머지는 권말의 '부록' 항목에 수록했다.

'부록'의 기호는 다음과 같다(고대 이집트 각 유적의 정보는 부록을 참조).

M	메소포타미아.
G	그리스·로마.
PT	고대 이집트, 사카라. 기원전 25~24세기.
AB	고대 이집트, 아부시르. 기원전 25세기.
BH2A	고대 이집트, 베니하산 제2호 무덤·현실 동벽 중앙부. 기원전 20세기.
BH2B	고대 이집트, 베니하산 제2호 무덤·현실 동벽 남부.
BH2C	고대 이집트, 베니하산 제2호 무덤·현실 동벽 북부.
BH15	고대 이집트, 베니하산 제15호 무덤·현실 동벽. 기원전 21세기.
BH17	고대 이집트, 베니하산 제17호 무덤·현실 동벽 중앙. 기원전 21세기.
BH29	고대 이집트, 베니하산 제29호 무덤. 기원전 21세기.
KR	고대 이집트, 테베. 기원전 1500년.
MH	고대 이집트, 메디네트 하부. 기원전 12세기 중반.
MR	고대 이집트, 메이르 무덤 유적 B-2. 기원전 20세기.
EG	고대 이집트, 그 외.

제 1 장
트레이닝

트레이닝 개설

스포츠에 트레이닝은 필수이다. 그러나 고대 문명의 트레이닝법 가운데 상세히 알려진 것은 그리스·로마 시대의 것뿐이며, 그 이전의 트레이닝법에 관해서는 거의 알 수 없다. 다만 수메르에서 출토된 전차용 말의 조교 메뉴(와 사상)가 현대 기준으로 보아도 참고가 될 만큼 수준 높다는 점에서 인간용 트레이닝 메뉴 역시 뛰어났을 것으로 짐작된다.

고대 이집트의 트레이닝

이집트 벽화에는 활쏘기 연습을 하는 장면이 그려져 있는데, 거기에는 과녁을 향해 시위를 당기는 연습생과 그의 등 뒤에 서서 자상히 지도하는 교관의 모습이 묘사되어, 다른 종목에서도 동일한 지도가 이루어졌음을 짐작하게 한다.

〔T-1-1〕

고대 이집트의 벽화에는 달리기, 역도, 뜀뛰기, 곡예, 노 젓기 등을 하는 인물이 그려져 있다. 트레이닝 과목으로 실제 이용되었는지는 알 수 없으나, 적어도 이들 운동을 트레이닝 메뉴로 도입하려는 시도는 있던 것으로 보인다.

〔T-1-2〕 역도를 하는 인물.

고대 그리스의 트레이닝

그리스에서는 스포츠 그 자체가 병사가 되기 위한 트레이닝의 일환이었다. 따라서 스포츠를 위한 트레이닝이란 본말전도에 불과했다. 하지만 시대가 흐르면서 경기대회 우승을 위한 전문 트레이너와 메뉴가 등장하게 된다.

김노트리바이(Gymnotribai)라 불리던 이 트레이너는 각지를 여행하며 지도를 맡았다. 일례로 제80회 올림픽 레슬링 소년부 우승자인 아이기나의 알키메돈을 코치한 아테네의 멜레시아스를 들 수 있다. 그는 알키메돈을 포함하여 30명이나 되는 대회 우승자를 배출한 명코치로 유명하다. 당시 아이기나와 아테네는 전쟁 중이었으니, 그의 명성과 실적이 적국 사람이라는 사실조차 덮을 만큼 대단했다는 말이다.

동시에 거국적으로 스포츠 선수를 양성하는 나라도 나타났다. 가장 유명한 예가 이탈리아 남단의 도시 크로톤으로, 올림픽에서 여섯 번 우승을 거둔 전설의 레슬러 밀로(또는 밀론. 기원전 6세기)를 비롯한 많은 선수를 배출하였다.

스포츠 경기화의 영향

스포츠의 경기화는 우승 상금으로 생계를 유지하는 프로스포츠 선수를 탄생시켰다. 하지만 당시 대부분의 대회는 우승자에게만 상금을 지급했기 때문에, 그들의 생활상은 현대 프로스포츠 선수보다 훨씬 가혹했다. 한편 그에 대응하듯 트레이닝 기술·이론도 발전해간다. 기원전 4세기에 이르기까지 종목별로 특화된 특별한 식사 메뉴가 고안되었고, 균형 잡힌 운동과 식사, 휴식의 중요성을 인식하기 시작하였으며, 과도한 트레이닝이나 과식과 편식의 폐해도 이미 이해하고 있었다. 어떠한 식사가 좋은지는 사람마다 달랐으나, 초기에는 말린 무화과와 부드러운 치즈가 선호되었고, 그 후에는 육류, 나아가 생선을 많이 섭취할 것을 권장하였다.

이렇게 다양한 이론이 구축되면서 트레이너도 전문화되어간다. 트레이너는 연습생의 연령별로 전문화되어 소년을 지도하는 트레이너는 Paidotribes, 성인의 트레이너는 Gymnastes라고 불렀다. 의술도 마찬가지다. 올림픽 대회의 심판 세 명 가운데 한 명은 의사였던 데서도 알 수 있듯이 스포츠와 부상은 떼려야 뗄 수 없는 관계이다. 당시의 스포츠는 현재보다 훨씬 안전 기준이 낮았으니 더욱 그랬을 것이다. 뒷시대의 일이지만, 이후 1500년에 걸쳐 의학계의 표준이 된 갈레노스(서기 2세기)가 검투사 전문 외과의로서 활약한 것은 유명하다. 그 밖에도 운동 후에 근육을 풀어주는 마사지사(Aleiptai)가 있었으며, 그들의 상위직인 마사지 치료사(Iatroleiptai)는 접골과 정체(整體, 지압과 안마로 등뼈를 바르게 하거나 몸의 상태를 좋게 하는 것-역자 주) 등의 기술도 가지고 있었다. 또한 히기에노이 이

아트로이(Hygienoi iatroi)라는 트레이너는 물리치료사와 영양사를 합쳐놓은 듯한 직업이었다.

 ## 트레이닝 메뉴

실제 트레이닝 메뉴에는 바위와 할테레스(멀리뛰기에도 사용되던 추)를 이용한 웨이트 트레이닝(앞서 소개한 밀로는 매일 송아지를 들어 올림으로써 근력을 길러, 이윽고 그 소가 성장했을 때도 들 수 있었다는 유명한 일화가 있다), 스파링, 달리기 등이 있었으며 특히 스태미나게 메뉴가 많았다고 한다. 당시 격투기에는 휴식 시간과 시간제한이 없었으므로, 스태미나 양성은 가장 중요한 과제 중 하나였을 것이다.

또한 운동장에는 피리 부는 사람이 있어, 연습의 리듬을 잡아주었다.

로마 시대 상류 계급은 공공 운동장이 아닌 자택 중정에서 운동하였다. 키케로와 세네카는 산보와 달리기, 멀리뛰기, 역도, 구기 등을 한 것으로 유명하다. 땀이 날 정도의 강도가 적절한 운동량으로서, 탈진하지 않을 만큼 지치게 하는 것을 목표로 메뉴가 설정되어 있었다.

〔T-1-3〕바위를 이용한 웨이트 트레이닝.

〔T-1-4〕복싱 연습. 기원전 510년.

〔T-1-5〕레슬링 기술 연습.

〔T-1-6〕
마찬가지로 레슬링 연습. 머리카락이 더러워지지 않도록 모자를 쓰고 있다.

갈레노스의 트레이닝 종목

앞서 서술한 갈레노스는 트레이닝 종목을 파워계, 스피드게, 하드계(앞의 두 계통을 합친 것)의 세 계통으로 분류한 리스트를 소개하고 있다. 이 리스트는 당시 운동장에서 어떠한 트레이닝이 이루어졌는지 알 수 있는 귀중한 자료이다.

● **파워계 :**
구멍을 판다. 무거운 것을 들어 올린다. 무거운 것을 들고 걷는다. 비탈길을 오른다. 밧줄을 탄다(당시 소년들에게 레슬링을 가르칠 때 많이 사용하던 방법). 밧줄이나 들보에 매달린다. 주먹을 쥐고 팔을 쭉 뻗는다. 쭉 뻗은 팔을 파트너가 아래로 누르면 버틴다. 추를 든 상태로 앞의 두 메뉴를 시행한다. 베어허그에서 빠져나온다. 베어허그를 건다. 웅크리고 앉은 파트너를 들어 올려 빙빙 돌린다. 자신도 앉은 상태에서 앞의 메뉴를 시행한다. 파트너와 가슴을 맞대고 서로 민다. 파트너의 목에 팔을 걸고 끌어당겨 넘어뜨린다.

● **레슬링장에서 하는 트레이닝 :**
엎드려 누운 상대의 한쪽 다리에 자신의 양다리를 감고 초크홀드를 걸거나 목을 뒤로 젖힌다. 자신의 한쪽 다리를 상대의 다리에 감고 앞과 같이 한다. 상대의 양다리에 자신의 양다리를 감고 앞과 같이 한다.

● **스피드계 :**
달린다. 섀도복싱. 복싱. 펀칭백을 친다. 달리면서 공을 던지고 받는다. 일정한 거리를 왕복해서 달리며 턴할 때마다 거리를 줄인다. 까치발로 서서 머리 위로 뻗은 팔을 앞뒤로 빠르게 흔든다(균형이 무너질 것 같을 때는 벽 쪽에 서서 한다). 레슬링장에서 지면을 빠르게 구른다. 집단으로 붙어 서서 옆 사람과 계속 재빨리 자리를 바꾼다. 공중으로 뛰어올라 몸을 활처럼 젖힌다. 발을 번갈아 차올린다. 주먹을 쥐고 팔을 위아래로 빠르게 흔든다.

● **하드계 :**
가능한 한 빨리 구멍을 판다. 원반던지기. 쉬지 않고 연속해서 점프한다. 무거운 창을 던지고, 갑옷을 입고 달린다. 위의 '파워계' 종목을 속도를 올려 시행한다.

● **그 밖의 종목 :**
걷기. 스쾃. 무거운 것을 들어 올린다. 물건을 들어 올려 그대로 멈춘다. 심호흡. 지면에 추 두 개를 약 180cm 간격으로 떨어뜨려 놓은 다음, 그 중앙에 서서 발을 움직이지 않고 왼쪽 추를 오른손으로, 오른쪽 추를 왼손으로 잡았다가 다시 원래 자리에 돌려놓는다.

4일 주기 트레이닝법

서기 3세기의 필로스트라토스는 당시의 트레이닝법을 비판하는 문장을 남겼는데, 그에 따르면 당시에는 '4일 주기 트레이닝법'이라는 것이 주류였다고 한다.

- 1일째 : 준비 운동(단시간의 격렬한 운동, 아마도 스프린트나 점프 등).
- 2일째 : 격렬한 운동(고부하 트레이닝. 아마도 웨이트 트레이닝 등).
- 3일째 : 레크리에이션(기술이나 자세 연습).
- 4일째 : 중강도 운동(아마도 스파링).

위의 네 종목을 반복해서 시행한다.

이처럼 주기를 정하고 시행하는 연습법은 결코 새로운 발상은 아니다. 거슬러 올라가면 기원전 3세기의 스키피오 아프리카누스가 병사를 훈련시킬 때 이 같은 사이클식 메뉴를 도입해 사용했다.

필로스트라토스는 이 주기법 자체의 옳고 그름이 아니라, 개인의 적성과 몸 상태를 전혀 고려하지 않은 채 오로지 같은 메뉴를 반복시키는 것을 비판하고 있다. 그의 말에 따르면 트레이너들은 훈련생에게 대량의 식사를, 그것도 연습 전에 먹이고 장시간의 수면을 강제함으로써 선수의 건강을 해쳤다고 한다. 이와 비슷한 생활 습관이 그리스 시대에도 나타났던 것으로 보아, 추측하건대 고대 스포츠 선수의 생활 습관은 현대 씨름 선수에 가깝지 않았을까 한다. 실제로 고대 복서는 다소 비만체로 그려져 있는 경우가 많아, 경량급 씨름 선수 같은 체형이었을 가능성이 높다.

복싱 · 판크라티온 훈련

복싱의 기본이 새도복싱(Skiamachia)과 펀칭백 치기인 것은 당시에도 마찬가지였다.

펀칭백(Korykos)은 동물 가죽이나 돼지의 방광에 깃털 또는 모래, 콩 등을 채운 것으로, 레슬링장의 전용실(Korykion)에 매달려 있었다. 경량 백은 스피드를 단련하는 복서용, 무거운 백은 주먹을 단련하는 판크라티오니스트용이었다.

서기 3세기의 안틸루스가 자세히 서술한 바에 따르면 처음에는 천천히, 그리고 차츰 속도를 붙여가면서 백이 반대쪽으로 흔들릴 때 공격하고, 다시 돌아왔을 때 그것을 상대의 공격이라 생각하며 피한다. 최종적으로는 주의하지 않으면 균형을 잃을 만한 기세로 침으로써 균형 감각을 기르고 동체를 단련하는 방식이었다.

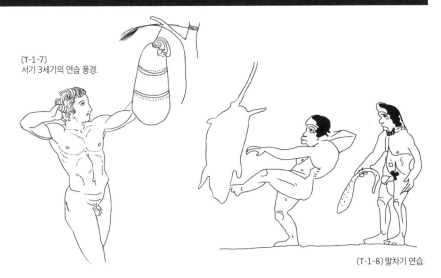

〔T-1-7〕
서기 3세기의 연습 풍경.

〔T-1-8〕발차기 연습.

검투사의 트레이닝

검투사 양성소(Ludus)에 보내진 노예들은 간단한 트레이닝을 받으며 적성을 판별한 뒤, 저마다 다른 전문 훈련을 받았다. 기본적으로 검투사는 한 클래스에만 속하였고, 여러 클래스를 겸임하는 것은 선호되지 않았다.

기본 훈련은 목검을 쥐고 Palus라는 높이 약 2m 정도의 나무 기둥을 치는 것으로 이루어진다. 나아가 통상보다 2배 무거운 장비를 이용한 섀도복싱과 스파링, 자세 연습과 전투 이론 강습 등도 실시하였다. 또한 다른 검투사의 훈련을 견학하는 것도 중요한 트레이닝이었다.

식생활에 관해서는 터키 스미르나의 검투사 무덤에서 출토한 치아를 분석한 결과, 거의 채식 위주로 섭취하였던 것으로 보인다.

〔T-1-9〕
폼페이의 벽화에서. 나무 기둥으로 연습하는 검투사.

〔T-1-10〕
검투사(레티아리우스)와 펀칭백과 제단. 4세기.

검투사 양성소

검투사 양성소의 실제 구조 등에 관한 정보는 거의 알려져 있지 않았으나, 최근 빈 근교 도시에서 검투사 양성소가 완벽에 가까운 형태로 발견되어 그 실태가 상당히 뚜렷해졌다.

이 양성소가 세워진 곳은 빈 남동쪽 40km 거리에 위치한 카르눈툼이라는 도시로서, 양성소는 판노니아 속주의 수도이자 제14군단 게미나를 핵으로 여러 원군 대대가 주둔하던 이 대도시의 남부, 그중에서도 로마 세계 네 번째 규모를 자랑하던 원형 투기장 서쪽에 자리 잡고 있었다.

시설은 총면적 11,000㎡, 건물 면적 2,800㎡를 차지하였으며, 입구가 원형 투기장에 면한 동쪽에 설치되어 검투사들이 빠르게 투기장으로 이동할 수 있었다. 건물 중앙의 중정에는 가운데 나무 기둥이 세워진 원형 훈련장 두 개가 만들어졌고, 그중 한 곳 주위를 목제 벤치가 둘러쌌다.

북쪽 건물은 트레이닝 구획으로서 난방 설비가 달린 실내 연습장, 목욕탕, 집회장(식당·홀 겸용?) 등이 마련되어 있었다. 검투사들의 거주구는 서·남쪽에 위치했는데, 계단이 있는 것으로 보아 적어도 2층 건물이며 각 방 넓이는 약 5㎡ 정도이다. 정문이 있는 동쪽에는 라니스타(Lanista : 사무실과 소유주들의 거주구로, 양성소의 심장부)가 위치했다. 이 라니스타도 2층 이상이다.

건물 북쪽에는 넓은 운동장이 있어 전차 경기를 연습하였고, 그 밖에 마구간이나 맹수 사육장이 세워져 있었으리라 추정된다. 양성소 남서쪽에는 검투사 묘지가 늘어서 있었다.

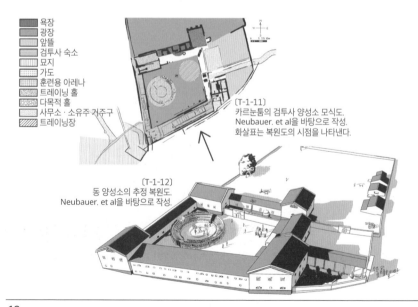

욕장
광장
앞뜰
검투사 숙소
묘지
가도
훈련용 아레나
트레이닝 홀
다목적 홀
사무소·소유주 거주구
트레이닝장

〔T-1-11〕
카르눈툼의 검투사 양성소 모식도.
Neubauer. et al을 바탕으로 작성.
화살표는 복원도의 시점을 나타낸다.

〔T-1-12〕
동 양성소의 추정 복원도.
Neubauer. et al을 바탕으로 작성.

제 2 장
주르카네

주르카네 개설

주르카네(Zurkhaneh, Zurxāne 등)는 이란 지방의 전통 훈련법을 시행하는 장소를 뜻하며, 그것이 변하여 주르카네에서 이루어지는 활동까지도 가리키게 되었다. 주르카네라는 말은 '힘의 집'이라는 의미로, 예전에는 Langargāh(정박지, 항구), mājxāne(활터)라고도 불렸다.

주르카네의 기원에 관해서는 잘 알 수 없으나, 적어도 고대 이란 지방의 훈련법을 바탕으로 발전한 것이라 여겨진다. 주르카네는 전사를 양성하기 위한 훈련장으로서, 주르카네에서 사용하는 도구도 전장에서 사용하는 무기를 원형으로 하고 있다. 이윽고 전사의 필요성이 줄어듦에 따라 미트라 신앙, 조로아스터교, 이슬람교, 수피즘 등 각 시대마다의 종교·신비주의적 사상을 받아들이며 보다 형식적인 육체·정신의 단련 수단으로서 변화해간 것으로 보인다.

 ◆ 시설

주르카네는 모스크와 같은 돔형 건물에서 이루어진다. 세계에서 가장 오래된 개인영업 운동장이라고 하며, 이란에 있는 주르카네 가운데는 500년이 넘는 역사를 가진 곳도 적지 않다.

입구는 일부러 낮게 만듦으로써 들어갈 때 머리를 숙여 겸양의 자세를 나타내도록 되어 있다.

내부에 들어가면 고드(Go'd 또는 Gowd)라 불리는 중앙의 움푹 팬 공간과 그것을 둘러싼 벤치가 맞아준다. 고드는 연습을 하는 장소로서, 전통적인 것은 지름 6m 정도의 팔각형을 지면 아래로 60~80cm가량 파서 만든다. 고드 주위는 부드러운 나무 벽으로 둘러싸여 연습생이 부상을 입지 않도록 되어 있다. 고드 벽 바로 바깥쪽에는 다양한 연습 기구를 놓아두었다.

입구 근처에는 사르담(Sardam)이라는 단이 설치되어 있다. 이것은 지름 1m 정도의 원형 단으로, 다른 벤치보다 1m가량 높이 만들어진다. 이 사르담에서 모르셰드(최고위 교사)

가 종과 북을 울리며 메뉴와 트레이닝 리듬을 지휘하는 동시에, 시아파 최초의 이맘인 알리를 칭송하는 시를 낭송하여 훈련생에게 도덕과 신앙심을 가르친다. 또한 요인이 방문했을 때는 종을 울리고 북을 한 번 친 뒤, 서사시에서 뽑은 적절한 구절을 낭송하여 환영하는 관습이 있다.

건물 벽에는 과거의 성인과 영웅, 챔피언의 초상을 가득 장식하여 그들의 위업을 기리는 한편 연습생들이 지향해야 할 경지를 제시한다.

 ## 트레이닝 메뉴와 기구

고드에서 연습을 시작하려면 모르셰드에게 입장 허가를 구한 뒤, 오른쪽 손가락을 고드에 대고 그 손가락에 입을 맞춘다. 이렇게 고드에 들어가고 나서는 기도드리는 의식을 행할 필요가 있다.

우선 처음 하는 것은 워밍업(Garm kardan)이다. 워밍업에는 Sarnavāzi(팔굽혀펴기 전에 하는 목 스트레칭), Narm kardan(밀을 이용한 연습 전후에 하는 상반신 스트레칭), Xamgiri(하반신을 중심으로 한 운동과 스쾃), Pā zadan(풋워크) 등이 있다.

(Z-1-1) Sarnavāzi.

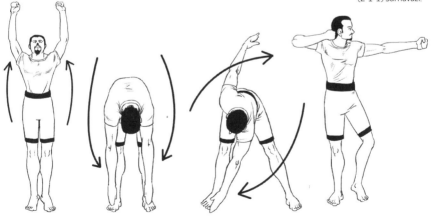

(Z-1-2-A~D)
셰나를 이용한 Xamgiri. 그림에는 생략되어 있으나 앞에 셰나를 두고 한다.

〔Z-1-3-A, B〕밀을 이용한 Xamgiri.

상(Sang)

방패를 본뜬 연습 기구. 본래는 Sang-e zur(힘의 돌)라고 불렸다. 당초에는 석제였으나, 현재는 목제가 이용된다. 방패의 형태를 모방한 거대한 판자로, 가운데 뚫린 구멍에 펠트로 감싼 목제 손잡이가 달려 있다. 높이 110cm, 폭 80cm, 두께 6cm, 무게 35~40kg이며, 바닥에 담요를 깔고 그 위에 똑바로 누워 쌍으로 사용한다.

● **Qaltān(돌리기) :**
우선 바닥에 똑바로 누워 상을 가슴 앞에 든다. 그 후 왼쪽으로 몸을 꺾으며 오른팔을 뻗어 상을 곧게 들어 올린다. 원래 자세로 돌아와 다음에는 반대 방향으로 상을 뻗는다.

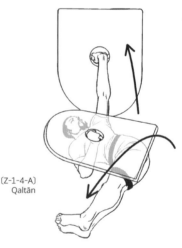

〔Z-1-4-A〕
Qaltān

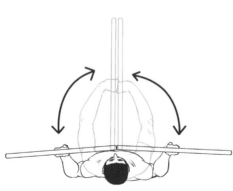

● **Joft(쌍) :**
똑바로 누운 채 양팔을 동시에 뻗어 상을 들어 올린다.

〔Z-1-4-B〕
Joft. 상을 바깥쪽으로 들어 올리는 방식도 있다.

카바데(Kabbāde)

활을 본뜬 연습 기구. 철제 활로, 시위 대신 쇠사슬이 달려 있다. 활대와 시위 중앙에는 손잡이가 있다. 어원은 알 수 없으나 '연습용 활'을 가리킨다고도 하며 본래는 목제였다. 전체 길이 150cm, 손잡이 길이 20cm, 시위 길이 160cm, 무게 20kg으로서, 지면에 무릎 꿇고 오른손으로 활대 손잡이를, 왼손으로 시위 중앙을 잡는 독특한 자세를 취한 뒤 카바데를 머리 위로 들어 올려 연습을 시작한다.

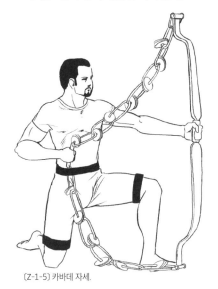

● **Yektaraf(한쪽) :**
머리 위로 든 카바데를 한쪽 어깨와 머리 사이에서 가로로 흔든다.

● **Dortarafe(양쪽) :**
위와 같지만, 이번에는 양쪽 어깨 위를 왕복시킨다.

● **Ru beruye sine,**
ru be ruye jolo(정면 보기) :
똑바로 서서 양팔을 옆으로 벌린다. 몸은 카바데 안에 들어가도록 한다.

〔Z-1-5〕카바데 자세.

셰나(Taxte-ye šenā)

단검을 본뜬 기구로, 길이 약 1m의 목제 막대에 삼각형 다리가 두 개 달려 있다. 팔굽혀펴기나 검술을 바탕으로 한 자세 연습에 이용한다.

● **Šenā-ye dast va pāy-e moqābel, Šenā-ye korsi,**
Šenā-ye sarnavāzi(다리 벌리고 팔굽혀펴기) :
다리를 크게 벌리고 팔굽혀펴기를 한다.

● **Šenā-ye pājoft(다리 붙이고 팔굽혀펴기) :**
다리를 붙인 채 팔을 짚고 몸을 내린다. 완전히 내려오면 몸을 뒤로 젖히며 팔을 펴고, 그 후 엉덩이를 들어 올려 원래 자세로 돌아온다.

● Šenā-ye tak(한손 팔굽혀펴기) :
한쪽 손으로 한다.

● Šenā-ye došalāqe(윕 푸시업), Šenā-ye čakoši(해머 푸시업) :
팔굽혀펴기를 최대한 빠르게 한다.

● Šenā-ya pič(비틀어 팔굽혀펴기) :
몸을 비틀어 팔굽혀펴기를 한다.

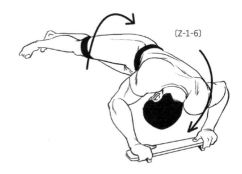

〔Z-1-6〕

밀(Mil)

곤봉을 본뜬 기구로, 무게는 5~50kg. 일반적인 밀은 8~25kg이지만, 경량 밀은 0.7~1kg 정도. 두 개를 쌍으로 사용하며 무거운 밀은 근력 강화에, 가벼운 밀은 스태미나와 민첩성 강화에 이용한다.

● Gavarge(슬로 트레이닝) :
양손에 밀을 세워서 들고, 리듬에 맞춰 차례로 어깨 둘레를 따라 돌린다. 몽골에서 기원했다고 한다. 무거운 밀을 사용한다.

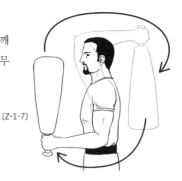

〔Z-1-7〕

● Čakoši(패스트 트레이닝) :
밀을 재빨리 돌린다. 무거운 밀을 사용한다.

● Milbāzi(밀 저글링) :
공중에 밀을 던졌다가 받는다. 고대 전사들이 자신의 근력을 과시하기 위해 했던 퍼포 먼스가 원형이라고 전해진다. 가벼운 밀을 사용한다.

● 밀의 다양한 사용법 :
그 밖에도 밀 움직이는 방법이 여러 가지 있다.

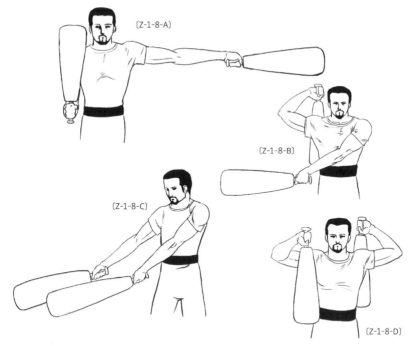

(Z-1-8-A)

(Z-1-8-B)

(Z-1-8-C)

(Z-1-8-D)

풋워크(Pā zadan)

도구를 사용하지 않고 하는 트레이닝.

● **샤테리(Šāteri)** :
그 자리에서 점프하면서 양팔을 앞뒤로 흔든다. 또는 다리를 뒤로 차올린다.

● **셀랑간다지(Šelangandāzi)** :
샤테리와 같은 동작을 하며 넓은 보폭으로 고드를 빙글빙글 걷는다. 예전에는 전체 길이 2m, 폭 30cm 크기의 판자를 고드 가장자리에 기대어 세운 뒤 그것을 타고 올랐다.

● **셀라르(Šelār)** :
발을 끌며 천천히 앞뒤로 걷는다. 풋워크 중간중간 호흡을 가다듬거나, 모르셰드가 트레이닝 도입 부분을 낭송하는 동안 몸을 데우는 역할을 한다.

● **장갈리(Jangali)** :
체중을 한쪽 다리에 싣는다.

● **타브리지(Tabrizi)** :
다리를 교차시킨 뒤, 재빨리 포개진 다리의 위치를 서로 바꾼다. 또는 다리를 차올린다.

● **호라사니(Xorāsāni)** :
오른발을 오른쪽으로 들어 올려 앞으로 가져간다. 그 후 왼발로 같은 동작을 되풀이한다.

● **케르만샤히(Kermānšāhi)** :
호라사니와는 반대로, 오른발을 왼쪽으로 들어 올려 왼발 앞에서 교차시키는 형태로 앞에 가져간다.

● **자르베다리(Zarbedari)** :
다리를 교차시켜 힘껏 밟는다.

● **미얀쿱(Miyankoob)** :
번갈아 한쪽 발로 뛰면서 발을 뒤로 차올린다.

● **다르자(Daarjaah)** :
제자리에서 번갈아 한쪽 발로 뛴다.

● **야 파타(Ya Fattah)** :
번갈아 한쪽 발로 뛰면서 발을 앞으로 차올린다.

스피닝(Čarx)

수피즘이라는 이슬람교 시아파 신비주의 철학의 영향을 받은 연습법으로, 팔을 벌리고 등을 곧게 펴며 얼굴은 앞을 향한 자세로 고드 중심에서 회전한다.

레슬링(Košti-ye pahlavāni)

전통적 주르카네에서는 마지막에 레슬링을 한다. 그러나 현재 이란에서는 대부분의 주르카네가 이 레슬링을 생략하고 있다.

제3장
복싱

복싱 개설

기원전 2000년 무렵의 수메르 문명과 히타이트 문명이 남긴 부조에도 복싱과 비슷한 격투기 장면이 나타나는 것으로 보아, 그 기원은 문명 발상으로까지 거슬러 올라간다고 할 수 있다. 다만 히타이트의 부조에서는 '주먹', '힘', '끌어안기' 등의 단어가 확인되고 있어, 판크라티온 같은 일종의 종합 격투기가 아닌가 하는 견해도 존재한다. 혹은 18세기 영국의 복싱(퓨질리즘)처럼 규칙에서 메치기가 허용되었는지도 모른다.

〔B-1-1〕
메소포타미아 고왕국기의 부조. 레슬링을 하는 선수에 섞여 오른쪽에서 복싱을 하는 선수가 보인다.
기원전 3000~2340년.

〔B-1-2〕
고 아시리아 제국기의 부조. 오른쪽에서 악기를 연주하고 있는 것으로 보아 축제의 관람물이라 여겨진다.
기원전 1200년경.

이집트의 복싱

이집트에서 복싱은 아메세네트라고 불리며 축제 기간 등에 시합이 거행되었다. 학자 가운데는 격투기가 아닌 의례적 춤의 일종이라는 견해를 가진 사람도 있다. 이집트식 복싱은 신왕국 시대 초기인 제18, 19왕조(기원전 1500~1336년. 아흐모세, 하트셉수트, 투트모세 3세, 아크나톤, 투탕카멘 왕의 치세에 해당한다)의 무덤에만 등장할 뿐, 그 후 기원전 4세기 그리스식 복싱이 수입될 때까지 회화 자료가 나타나지 않는다. 따라서 단기간의 유행에 그쳤을 것으로 추정된다.

복서들의 머리 위에는 "'진실로서 나타나신' 호루스께 영광 있으라!"라고 쓰여 있어, 이것이 시합 개시 신호나, 시합 중의 응원 구호, 또는 승리 선언 중 하나였을 가능성이 높다.

 ## 그리스의 복싱

유명한 복서 프레스코화에 대표적으로 나타나듯 미노아, 크레타 문명기에 복싱은 스포츠로서 이루어졌다. 그러나 당시의 규칙에 관해서는 전혀 알 수 없어, 후의 판크라티온에 가까운 경기가 아니었을까 추측하는 사람도 있다.

당시의 복싱 모습을 자세히 묘사한 것으로, 크레타의 하기아 트리아다에서 출토된 통칭 복서 리톤이라 불리는 항아리가 있다. 이 항아리에는 복싱과 투우(소 뛰어넘기?) 장면이 묘사되어 있는데, 흥미롭게도 투구를 쓰고 싸우는 것과 방어구를 착용하지 않고 싸우는 것 등 두 종류의 복싱이 존재한다는 사실을 알 수 있다. 다만 규칙에 어떤 차이가 있는지는 불명이다.

신화에서 복싱(Pygne : 주먹)은 영웅 테세우스가 발명한 것으로 서술된다. 서기 3세기의

〔B-1-3〕 복서 리톤. 기원전 18~16세기.

필로스트라토스는 투구를 쓰지 않고 전장에서 싸우기 위한 연습으로서 스파르타인이 발명했다는 색다른 의견을 내놓았지만 당연히 사실이 아니다.

복싱에 관한 가장 오래된 기록은 호메로스의 『일리아스』인데, 작중에 활약하는 영웅이 스스로 '전투는 뒤떨어지지만 주먹으로 살을 찢고 뼈를 부수기로는 누구에게도 지지 않는다'고 선언한 바와 같이 당시 복싱 기술은 전장에서 도움이 되지 않는다고 여겼던 듯하다. 이를 뒷받침하듯 복싱과 검술의 달인인 반신 폴리데우케스(쌍둥이자리의 일부이기도 하다)를 숭상하면서도 스파르타가 복싱을 실시했다는 기록은 남아 있지 않다.

그리스 복싱의 규칙

주먹을 이용한 타격만으로 승부를 가리는 만큼 당시 가장 위험한 스포츠로 인식되었으며, 올림픽 대회에서도 두 명의 사망이 확인되고 있다. 초기 복싱에는 규칙이라 할 만한 것이 거의 없었고, 처음으로 공식적인 규칙이 확립한 것은 기원전 688년의 일이다.

시합은 레슬링과 마찬가지로 모래밭에서 벌어졌는데, 로프 같은 것이 없어 상대를 코너에 몰아넣는 등의 작전은 쓸 수 없었다. 현대처럼 판정이나 닥터스톱도 없었기 때문에 다운된 상대에 대한 공격도 허용되어, 시합은 어느 한쪽이 시합을 속행하기 불가능해지거나 손가락을 뻗은 손을 들어 항복 의사를 나타낼 때까지 계속되었다. 라운드제와 시간제도 없었으나, 시합이 지나치게 길어지는 경우에는 봉과 사다리 등으로 링의 크기를 줄여 보다 빨리 승부가 결정되도록 하였다. 예외적으로 시합이 너무 길어져 양자가 무방비 상태로 번갈아 때려 승부를 결정지은 경우도 있었다. 단 상대를 죽이는 것은 규칙 위반으로서, 그 때문에 올림픽 우승이 취소된 사례도 남아 있다.

체급제도 없어 기본적으로 체격과 힘이 뛰어난 쪽이 유리해진다. 그래서인지 유명한 복서는 초인적인 기운을 가졌다는 일화가 많으며, 스피드나 테크닉이 뛰어나다는 기술은 극히 적다. 항아리 그림 등에서 복서 대부분이 다소 비만체로 묘사되는 것도 이를 반영한 것인지도 모른다. 많은 학자들은 복부에 지방을 축적하여 보디블로에 대한 방비를 했다고 생각하지만, 서기 3세기의 필로스트라토스는 튀어나온 배가 머리를 노리고 들어오는 상대의 공격을 방해하므로 유리하다고 주장했다.

또한 그리스 복싱에서 가장 뚜렷한 특징

(B-1-4)
기원전 6세기.

은 안면에 대한 타격만으로 싸우려 한다는 것이다. 그 때문에 그리스 복싱의 자세는 다른 문명의 것과 비교해 매우 높아 동체가 텅 비게 된다.

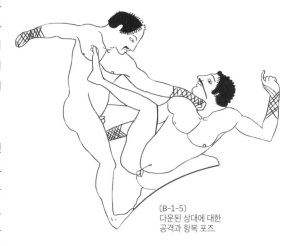

[B-1-5]
다운된 상대에 대한
공격과 항복 포즈.

이 계통의 복싱술은 기원전 6세기 사모스의 피타고라스(유명한 수학자와는 다르다)가 처음 고안하였으며, 그 전까지는 단순한 주먹다짐이었다고 한다(그의 복싱술에 관하여 자세히는 알 수 없으나, 방어와 공격의 효율화는 물론 태양을 등지고 싸우는 등의 야외에 특화된 전법도 포함되어 있었다고 전해진다). 그리고 시대가 흐르면서 공격보다 방어에 비중을 두게 된다. 방어는 주로 팔(특히 왼팔)을 휘저어 상대의 공격을 흩뜨림으로써 이루어졌고, 맞받아치는 경우는 적었으리라 추측된다. 이는 시합장이 모래밭이기에 복잡한 풋워크는 오히려 균형을 무너뜨릴 가능성이 높기 때문이다. 맨손으로 이루어지는 타격과 불안정한 발판, 다운 시의 추격 위험성 등으로 미루어볼 때 당시의 복싱 시합은 현대에 비해 훨씬 신중하고 느리게 진행되었을 것이라 여겨진다.

◆ 로마의 복싱

로마의 복싱(Pugilatus)은 그리스에서 에트루리아를 경유하여 전해진 것으로, 시합은 검투사 시합 다음으로 인기가 높았다. 당연히 시합 규칙 등도 그리스식을 따랐으며, 그리스인 복서 대부분이 제국 각지에서 열리는 스포츠 대회(제정기에는 '올림픽 대회'가 프랜차이즈화되어 각지에서 대회가 개최되었다)에 출장하여 생계를 유지했다.

로마 시에서도 서기 80년, 로마에서 유일하게 그리스의 주요 경기대회에 비견할 만한 격식을 갖춘 '카피톨 대회'가 창설되어 많은 그리스인 선수가 참가하였다. 하지만 로마인 선수의 승리 기록은 전혀 나타나지 않는 것을 보면 인기와 상반되게 경기 레벨(과 선수층)은 그리 높지 않았던 모양이다.

로마 복싱의 큰 특징은 주먹에 감던 가죽끈이 강화되어 흉기라 부를 만한 물건으로 변했다는 점이다. 이러한 변화로 인해 복서의 중량화가 더욱 진행되었고 전법도 방어에 편중되어갔다.

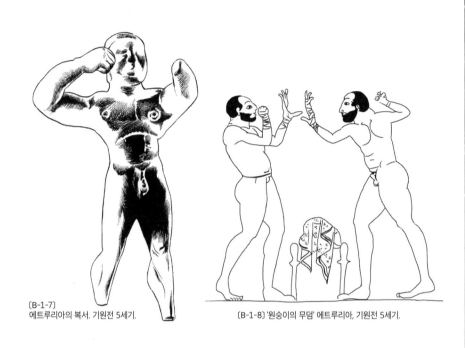

〔B-1-7〕
에트루리아의 복서. 기원전 5세기.

〔B-1-8〕'원숭이의 무덤' 에트루리아, 기원전 5세기.

〔B-1-9, 11〕
남이탈리아, 루카니아 지방. 기원전 4세기.

〔B-1-12〕
제정기의 프레스코화.

장비의 발전

인간의 주먹은 섬세한 손가락뼈로 형성되어 있어 의외로 무르다. 그래서 예로부터 주먹을 보호하기 위한 방어구가 발전해왔다.

메소포타미아에서 출토된 기원전 2000년경의 부조에는 손목에 끈 같은 것을 감은 복서가 묘사되어 있는 반면, 다른 자료나 이집트의 벽화에서는 맨손으로 싸우는 듯이 보인다. 다만 당시의 묘사 기술을 고려할 때 방어구의 유무를 비롯한 더 이상의 자세한 사항을 알기는 어렵다.

글러브 형태의 방어구를 분명히 확인할 수 있는 것은 복싱을 하는 소년들을 묘사한 미노아의 유명한 프레스코화이다. 소년들은 가죽제로 추정되는 검은 글러브를 오른손에 착용하고, 손목을 끈으로 묶어 고정하고 있다. 검은 가죽 속에 하늘색의 무언가를 끼고 있다는 사실 이외에 더욱 자세한 형태는 불명이다(현재 볼 수 있는 주머니형 글러브는 19세기의 수복가가 상상해서 그린 것으로, 오픈핑거 글러브였을 가능성도 부정할 수 없다). 또한 유명한 복서 리톤에 그려진 복서 중 일부는 머리에 투구를 썼을 뿐 아니라 손목에 끈을 감고 있다.

복싱을 묘사한 미케네 시대의 항아리 그림에는 주머니형으로 보이는 글러브가 표현되어 있다.

(B-1-13)
메소포타미아,
기원전 2000년.

(B-1-14)
복싱을 하는 소년. 회색 부분이 추정 복원된 곳.
소년의 앞뒤 다리 위치로 미루어 오른쪽 소년이
한 발 내디디며 내지른 펀치를 왼쪽 소년이 받아
넘기고 있는 장면으로 추측된다. 산토리니 섬.
기원전 1500년.

(B-1-15)
미케네 시대의 항아리 그림.
기원전 1300~1200년.

히만테스의 발전

그 후 그리스에서는 히만테스(Himantes/단수형 Himas)라 불리는 방어구가 사용된다. 초기(기원전 8~4세기)의 히만테스는 전체 길이가 4m가량의 무두질한 소가죽 끈(돼지가죽은 살갗을 베어 위험하다고 인식되었다)을 손목과 손에 둘러 감아 장착하는 일종의 밴디지였다. 감는 방식은 다양하여 손목에만 감거나 한쪽 손에만 감기도 했다. 이 히만테스는 손과 손목을 부상으로부터 보호하기 위한 것으로, 가죽끈에 의한 공격력 증강 효과는 부차적이었다. 현대의 복싱 글러브와는 달리 손을 펼칠 수 있다는 점도 특징이다. 이러한 타입은 후에 '소프트 타입'이라 불렸다. 이 히만테스 외에도 연습용으로 스파이라이(Sphairai) 혹은 에피스파이라이(Epi-sphairai)라 불리는 패드가 들어간 글러브가 개발되었다.

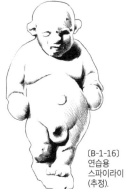

〔B-1-16〕
연습용
스파이라이
(추정).

기원전 4세기경이 되면 패드가 들어간 시합용 글러브(이것도 스파이라이라고 불렀다)가 개발된다. 후에 히만테스 말라코테로이(약간 소프트한 타입)라 불리게 되는 이 글러브는 털가죽 위에 히만테스를 감아 주먹, 손목, 아래팔을 보호하는 것이었다.

이후 기원전 3세기 들어 히만테스 말라코테로이는 굳힌 가죽제 밴드와 가죽끈을 조합하여 파괴력을 높인 히만테스(전술한 것과는 다른 것)로 교체된다. 이 히만테스는 장착하는 데 시간이 오래 걸렸기 때문에 보다 장착하기 쉽게 개량된 것이 등장하여 미르미케스(개미)라 불렸다(잘 알려진 복서 동상의 글러브도 이 타입이다).

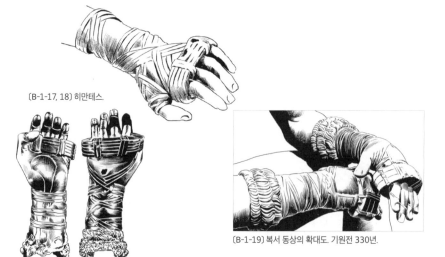

〔B-1-17, 18〕 히만테스.

〔B-1-19〕 복서 동상의 확대도. 기원전 330년.

카이스투스의 등장

이 미르미케스를 강화한 것이 유명한 카이스투스(Caestus 또는 Cestus)이다. 일러스트를 통해서도 쉽게 판별할 수 있듯이 금속제 돌기와 스파이크를 장착한, 그야말로 흉기라고 할 만한 것으로서 시합의 위험도를 비약적으로 상승시켰다. 베르길리우스의 『아이네이스』 (제5권 362~484행)에서는 시칠리아의 복서 엔텔루스가 동생이 사용하던 '피와 뇌수로 물든' 글러브를 끼고 등장한다. 이 글러브는 7마리나 되는 황소가죽에 철과 납을 꿰매 붙인 거대한 물건이었는데, 대전 상대인 다레스가 이 글러브를 이용한 시합을 거부하여 결과적으로 보다 가볍고 작은 글러브를 끼고 시합을 하게 된다. 결국 승리한 엔텔루스는 자신의 힘을 과시하고자 상품인 황소의 두개골을 일격에 깨부순다.

위의 묘사는 서기 1세기에 이미 금속제 강화 카이스투스가 존재했다는 사실을 증명해준다. 그에 대응하기 위해서인지 로마 시대의 카이스투스 가운데는 두꺼운 패드를 팔꿈치 위까지 동여맨 것도 등장한다.

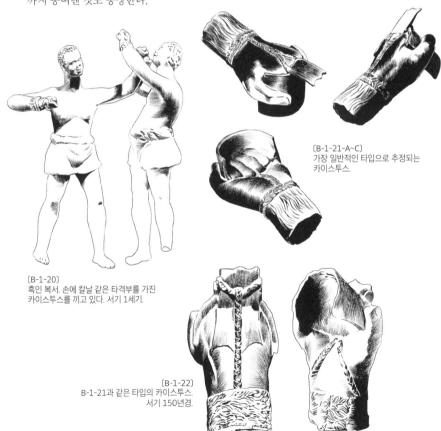

〔B-1-21-A~C〕
가장 일반적인 타입으로 추정되는
카이스투스.

〔B-1-20〕
흑인 복서. 손에 칼날 같은 타격부를 가진
카이스투스를 끼고 있다. 서기 1세기.

〔B-1-22〕
B-1-21과 같은 타입의 카이스투스.
서기 150년경.

〔B-1-23〕
스파이크가 달린 카이스투스. 서기 1~2세기.

〔B-1-24〕
『아이네이스』의 장면을 묘사한 모자이크.

〔B-1-25, 26〕
카라칼라 대욕장에 그려진 서기 3세기의 인기
프로복서. 패드가 들어간 카이스투스를 팔꿈치
위까지 감싸고 있다(오른쪽 〔B-1-26〕에는 스파
이크가 달린 것이 보인다).

〔B-1-27〕
이탈리아 중부 투스쿨룸에서 출토된 모자이크.
〔B-1-23〕과 같은 타입의 카이스투스를 착용했다.

복싱 자세 1

기본자세
Basic guard

시대 :	이집트, 메소포타미아, 이탈리아 · 캄파니아 지방, 로마.
부록 :	

구부린 왼팔을 앞으로 내밀고, 오른손을 허리 근처로 당긴 자세. 그림 〔B-1-11〕〔B-1-12〕〔B-1-13〕도 같은 자세이다.

도해

〔B2-1-1-A〕

내밀기 자세
Guard with extended arms

시대 :	이집트, 미케네, 그리스, 로마.
부록 :	〔KR-2-2〕〔EG-1 일러스트 4〕.

　양팔을 쭉 내민 자세. 방어 위주의 자세로 추정되지만, 이집트 회화가 상당히 추상화되어 있기에 팔의 위치가 얼마나 정확한지는 알 수 없다. 그리스의 경우에는 양손을 펼쳐 상대의 공격을 재빨리 방어할 수 있도록 하고 있다. 그림 〔B-1-15〕〔B-1-9〕도 같은 자세를 묘사했을 가능성이 있다.

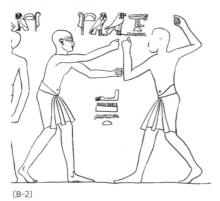

〔B-2〕

〔B-3〕

〔B-4〕

〔B-5〕

〔B-6〕

도해

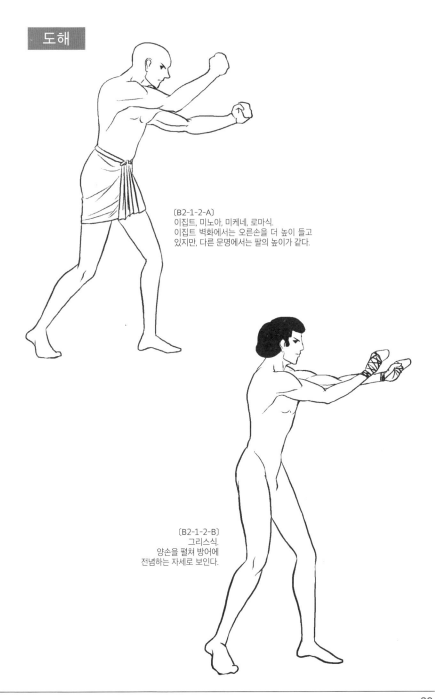

〔B2-1-2-A〕
이집트, 미노아, 미케네, 로마식.
이집트 벽화에서는 오른손을 더 높이 들고
있지만, 다른 문명에서는 팔의 높이가 같다.

〔B2-1-2-B〕
그리스식.
양손을 펼쳐 방어에
전념하는 자세로 보인다.

상단자세
Upper guard

시대 :	그리스 · 로마.
부록 :	

    그리스류 복싱에서는 자세를 높이 잡는 특징이 있다. 왼발을 앞으로 딛고, 왼손을 펼쳐 상대의 얼굴을 향해 일자에 가깝게 뻗으며, 주먹 쥔 오른손을 크게 뒤로 당겨 자세를 취한다. 몸은 현대 복싱과는 달리 상당히 옆을 향했으리라 추측된다. 아마도 이 자세는 비교적 신중하게 진행되며 적은 펀치 수로 승부를 결정짓는 경향이 있던 당시의 복싱에 대응하고자 한 결과가 아닌가 한다. 또한 후술할 해머피스트 펀치를 염두에 둔 자세일 가능성도 있다. 서기 5세기의 논노스가 쓴 『디오니소스 이야기』에서는 '왼손을 천연의 방패인 듯 얼굴 앞에 대고, 오른손을 창과 같이 겨누라'고 묘사하고 있다. 이처럼 왼팔을 내밀고 있으면 안면을 집중적으로 노리는 그리스식 복싱에서는 오른손 펀치를 명중시키기 어려우므로, 시합 초반에는 상대의 왼팔을 뿌리치려는 다툼이 계속되었을 것이다. 이 자세는 앞에 실은 그림 〔B-1-7〕〔B-1-8〕〔B-1-11〕에도 나타난다.

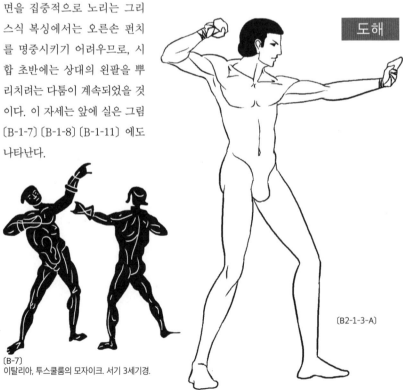

도해

〔B2-1-3-A〕

〔B-7〕
이탈리아, 투스쿨룸의 모자이크. 서기 3세기경.

복싱 방어 1

받아넘기기
Parrying

시대 : 전 시대.

부록 : 〔G10〕

상대의 공격을 받아넘겨 방어하는 기법. 주로 왼팔을 사용하며 안쪽에서 바깥쪽으로 팅겨내듯 방어한다. 그림 〔B-1-2〕에서도 오른쪽 복서의 펀치를 왼쪽 복서가 받아넘기고 있다.

도해

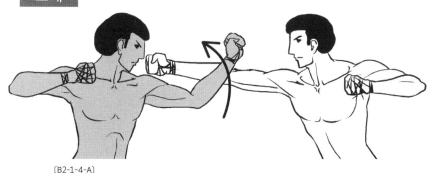

〔B2-1-4-A〕

〔B-8〕

블로킹
Blocking

시대 : 그리스, 로마.

부록 : 〔G1〕〔G2〕

양팔을 눈앞에 세워 상대의 공격을 막아낸다.

도해

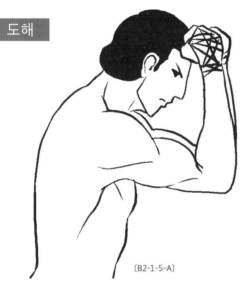

〔B2-1-5-A〕

〔B-9〕

올림픽 대회의 시작

고대 최대의 운동경기대회는 뭐니 뭐니 해도 올림픽이지만, 그 기원은 의외로 알려져 있지 않다. 전승으로는 크레타의 신 헤라클레스(영웅신 헤라클레스와는 다른 사람)가 기원이라든가 당시 이 부근을 지배하던 왕 페플로스가 기원이라든가 하는 여러 설이 있어, 고대 그리스인 시점에서도 이미 정확히 알 수 없었던 듯하다. 일단 공식 견해에 따르면 기원전 776년 역병을 가라앉히기 위하여 고대의 제사와 경기대회를 부활시킨 것이 시초라고 한다.

본래 올림픽이 열리는 올림피아는 도시가 아니라, 사실 대회 기간 이외에는 신관과 관리인밖에 없는 유령도시이다. 그리스 남부 펠로폰네소스 반도의 서부 내륙, 크로노스 산 기슭의 평원에 위치하며, 동서로 흐르는 알페이오스 강과 북쪽 엘리스 산에서 남쪽으로 흘러오는 클라데오스 강의 합류 지점에 해당한다. 알페이오스 강은 당시 배로 통행이 가능하였는데, 서쪽으로 15km 떨어진 이오니아 해에서 올라오는 루트와 내륙부에서 나오는 교통 루트가 교차하는 교통의 요지이자 주변 세력의 경계지(중립 지대)였다. 바로 근처에는 피사 시가 있었으나, 후에 올림픽 대회 주최 도시인 엘리스 시에 의해 파괴당했다.

이 올림피아의 중심부는 알티스(숲을 뜻하는 Alsos에서 유래)라 부르는데, 고대에는 신목(神木)이 우거진 토지였다. 고고학 조사에 따르면 기원전 12세기 미케네 문명 붕괴 직후부터 이 일대는 성역으로서 알려져, 주위 주민들이 정기적으로 모여 선조와 수호신에게 바치는 의식을 거행하였다고 한다. 이 의식에 부속된 경기대회가 올림픽 대회의 전신일 것이다. 또한 경기대회가 열렸다는 확실한 증거가 출토되는 것은 기원전 1000년부터이다.

유물 등을 종합하면 기원전 8세기경까지는 풍작을 비롯해 다산과 풍요를 기원하며 주변 농민과 목축업자들이 모여 함께 의식을 거행하는 장소였던 모양이다. 따라서 사람들이 제사 지내던 신도 제우스 신이 아니라 작물과 생산의 여신 헤라(여성과 결혼의 신이며 그리스 선주민인 아카이아인이 숭배하던 지모신(地母神)이라고도 한다), 데메테르(풍요의 신), 에일레이티이아(출산의 신), 가이아(지모신), 테미스(지모신이자 예언의 신)였다.

하지만 이들 자모신(慈母神) 신앙은 기원전 8세기 이전 제우스 신을 필두로 하는 신참 남성신 신앙으로 교체된다. 이 무렵 올림피아는 이미 제우스의 신탁이 내려오는 성지로 알려졌고, 특히 전쟁에 관한 예언을 들을 수 있다고 여겨졌다. 올림피아 박물관에 전시된 대량의 무구(武具)도 예언 적중을 감사하며 보내진 이때의 공물이다. 그리고 올림픽 대회 역시 제우스 신에게 바치는 경기대회가 되었다. 당시의 올림픽은 완전한 지역 대회로서, 호메로스도 엘리스 시의 전차 경기에 관해서는 서술했지만 올림피아에 관한 기술은 남기지 않았다.

스트레이트
Straight punch

시대 : 전 시대.

부록 :

　주먹을 똑바로 뻗는 가장 기본적인 공격법. 그리스와 로마에서는 자세를 높이 잡았기 때문에 현재의 스트레이트와 달리 주먹을 안쪽으로 비틀며 내려치듯 타격했을 것으로 추측된다. 항상 뒷발을 앞으로 내디디며 공격하므로 공격 속도가 느려 반격당할 위험성이 높다. 미노아 문명기의 항아리 그림과 프레스코화〔B-1-14〕의 공격법도 이 스트레이트로서, 오른 다리를 내디디며 오른손을 뻗는 동시에 왼팔을 뒤로 당겨 펀치를 내지르는 듯 보인다.

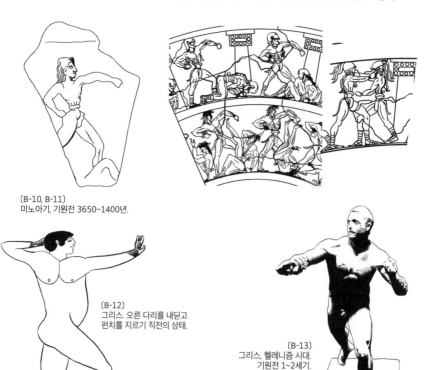

〔B-10, B-11〕
미노아기, 기원전 3650~1400년.

〔B-12〕
그리스. 오른 다리를 내딛고
펀치를 지르기 직전의 상태.

〔B-13〕
그리스, 헬레니즘 시대.
기원전 1~2세기.
유명한 안티키테라 기계와
같은 배에서 발견되었다.

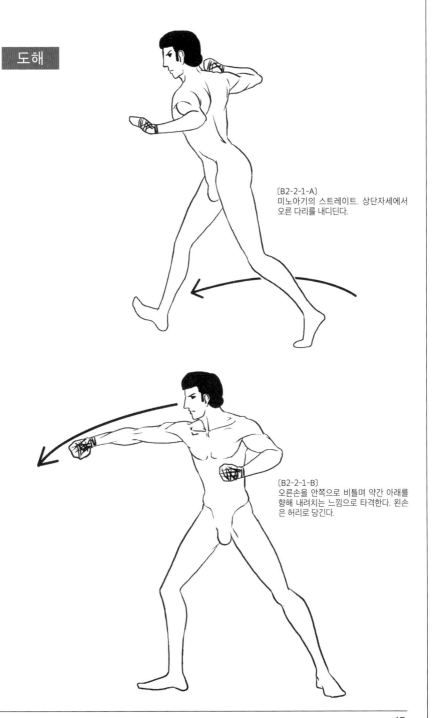

도해

〔B2-2-1-A〕
미노아기의 스트레이트. 상단자세에서
오른 다리를 내디딘다.

〔B2-2-1-B〕
오른손을 안쪽으로 비틀며 약간 아래를
향해 내려치는 느낌으로 타격한다. 왼손
은 허리로 당긴다.

훅
Hooking

시대 :	전 시대.
부록 :	

　호를 그리며 상대의 측면에서 파고드는 펀치. 『오디세이아』에서는 오디세우스가 귀밑 쪽으로 이 펀치를 날려 상대를 일격에 녹아웃 시키는데, 현대와 달리 귀밑 급소를 겨냥하는 위험한 기술이었을 가능성이 높다. 대영 박물관의 파르테논 마블(판크라티온 항목 〔P2-2-2〕 참조)에는 무릎차기와 동시, 혹은 직후에 훅을 넣는 모습이 묘사되어 있다.

도해

〔B2-2-2-A〕
오른 다리를 내딛는 동시에
크게 호를 그리는 펀치로
상대의 왼쪽 귀밑을 공격한다.

복싱 기술 3

어퍼컷
Upper-cut punch

시대 : 그리스, 로마.

부록 :

『일리아스』에 서술되어 있는 결정타로, 호메로스는 이 기술을 당한 상대가 마치 파도 사이로 뛰어 오르는 물고기처럼 날아갔다고 묘사하였다. 흑인 권투사를 묘사한 로마 시대의 유명한 점토상 〔B-1-20〕도 어퍼컷으로 보이는 펀치를 날리고 있다. 고간을 향해 어퍼컷을 날리는 듯한(아마도 판크라티온) 항아리 그림도 있어, 턱뿐만 아니라 몸통 등도 대상이 되었으리라 생각된다.

〔B-14〕

〔B-15〕

도해

〔B2-2-3-A〕
상대의 복부(또는 턱)를
밑에서 위로 때린다.

해머피스트 펀치
Hummer-fist punch

시대 : 이집트, 그리스, 로마.

부록 : [G3] [G4] [KR-1-1] [KR-1-2]

상대의 머리, 가슴, 어깨, 목을 향해 주먹을 내려치는 기술. 타격에 사용하는 부위도 다양하여 주먹의 새끼손가락 측면, 등주먹, 바탕손(손을 펴서 친다) 등이 이용되며, 양손을 동시에 내리치기도 한다. 로마 시대 들어 손바닥 부분에 칼날 등을 장착한 카이스투스가 사용되면서 흉악도가 비약적으로 높아졌다. 그리스식 복싱에서 나타나는 높은 자세는 이 공격을 펼치거나 방어하기에 유리하므로, 당시의 복싱에서는 일반적인 공격법이었을 것이다.

도해

[B2-2-4-A]
기본 공격으로서,
위에서 내리친다.

[B-16]

복싱 기술 5

손바닥치기
Open-hand strike

시대 : 그리스.

부록 :

손바닥으로 상대를 치는 기술. 기본적으로 왼손을 이용한 듯하며, 아마도 현대의 잽에 해당하는 기술이었을 것이다.

도해

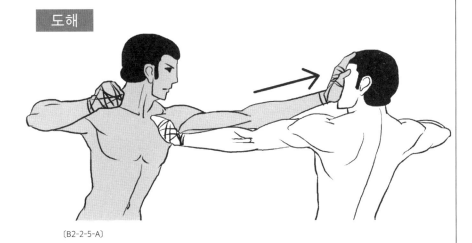

〔B2-2-5-A〕

〔B-17〕

〔B-18〕

올림픽의 괴로움

개설에서 고대 그리스인에게 스포츠란 괴로운 것이었다고 설명하였는데, 당시의 그리스인 입장에서는 올림픽을 관람하는 것조차 '고통'이었다.

우선 그 입지 조건이 문제였다. 43쪽의 이전 칼럼에서도 서술하였지만, 교통 요충지일 터인 올림피아는 거주에 적합하지 않은 땅이었다.

두 강의 합류점에 위치한 올림피아는 범람원으로 늘 홍수의 피해에 노출되어 있었다. 또한 대회 개최 기간은 한여름, 그것도 1년 중 가장 더운 시기이다. 내륙지인 올림피아는 해안과 같은 시원한 바람 한 점 불어오지 않고 그저 더워질 뿐이었다.

더구나 시대가 꽤 흐르기까지 관객과 선수를 위한 시설이나 설비 등이 마련되지 않아, 기원전 4세기 중반 레오니다스(유명한 스파르타 왕과는 다른 사람)가 레오니다이온을 건설하기 전까지는 신분의 상하를 막론하고 노숙하는 수밖에 없었다. 부유한 사람은 천막을 가져와 설치하여 그곳에서 생활했지만, 관객 대부분은 옷 하나만 달랑 걸친 채 맨바닥에 드러누워 잠을 잤다.

위생 시설도 마찬가지였다. 일단 대회 때마다 특별한 우물을 파게 되어 있었으나, 그것만으로는 절대적으로 부족하다. 알티스(제우스 신역) 북쪽 기슭의 저수 시설과 그곳에 물을 공급하는 상수도는 로마 시대에 건설된 것으로, 그 이전까지는 옆을 흐르는 강에 생활용수를 의지했다(그 강은 동시에 목욕 등에도 이용되었다). 당연히 화장실 같은 것도 없어 근처에서 적당히 용변을 보거나 간소한 구멍을 파서 처리하였다. 또한 개최 기간 중에는 많은 제물이 바쳐졌다. 대량의 날고기와 내장, 뼈를 태우는 악취는 상상도 못 할 정도였을 것이다. 의식의 중심인 제우스의 대성단(大聖壇)은 그러한 제물의 뼈와 재를 쌓아올려 만든 것으로, 기원전 2세기에 이미 7m 높이에 달했다고 한다.

이런 상황에서는 파리나 모기 같은 해충이 심하게 발생한다. 운 나쁘게도 올림피아는 모기와 파리가 많은 토지로서, 헤라클레스가 제우스에게 산 제물을 바칠 때 파리가 너무 많은 통에 두 손 들었다는 전설까지 남아 있을 정도이다.

변변한 위생 설비도 없는 혹서 속의 올림픽 회장에 수천, 수만 명의 인간이 밀집한 올림피아는 현대인 입장에서 보면 그야말로 공포의 환경이었다. 1년 중 가장 더운 계절에 야외에서 운동하므로 열사병에 걸리기 쉽고, 해충과 비위생적인 환경으로 인한 식중독과 감염증(파상풍과 말라리아, 이질 등)의 위험이 항상 따라다닌다. 선수들은 컨디션 불량과도 싸워야 했던 것이다.

이 같은 상황을 반영하여 서기 1세기의 스토아학파 철학자 에픽테토스는 올림픽을 '인생의 불편함과 불쾌함'의 동의어로 취급하였고, 아일리아누스는 '반항적인 노예에게 "말을 안 들으면 올림픽에 보내버릴 테다" 하고 겁을 주면 열심히 일한다'는 당시의 농담을 소개하고 있다.

제 4 장
레슬링

레슬링 개설

레슬링은 모든 고대 문명에서 시행되던 격투기로, 여러 문명에서 사회적으로 중요한 위치를 차지하고 있었다. 이라크 바드라에서 출토된 기원전 2900년경의 부조가 레슬링을 묘사한 세계에서 가장 오래된 유물로 여겨진다. 바그다드 근교 신전에서 발굴된, 기원전 2600년경의 것으로 추정되는 청동제 컵의 토대에는 벨트레슬링(허리에 띠를 매고 하는 레슬링)을 하는 레슬러가 표현되어 있다.

〔W-1-1〕
세계에서 가장 오래된 레슬링 묘사.

〔W-1-2〕
바그다드 근교에서 출토된 컵.

고대 메소포타미아의 레슬링

고대 메소포타미아에서 레슬링은 왕의 힘과 권위를 상징하고 과시하는 격투기로 인식되어, 세계에서 가장 오래된 서사시로 평가받는 길가메시 서사시에도 우르의 왕 길가메시가 야만인 엔키두를 레슬링으로 쓰러뜨림으로써 시민들에게 자신이 왕에 걸맞은 그릇임을 나타내 보이는 장면이 나온다. 우르 시를 기원전 2094~2047년에 걸쳐 지배한 슐기 왕 또한 각지에서 참전한 레슬러들에게 승리하여 명성을 높였다는 기록이 남아 있다. 레슬링은 알몸에 허리띠만 맨 상태로 온몸에 기름을 바르고 했는데, 이 습관과 그리스 레슬링에 어떤 연관성이 있는지는 알 수 없다.

또한 히타이트인도 종교 행사의 일환으로 레슬링을 했다고 한다.

구약 성서에서도 야곱이 신과 레슬링을 하는 기묘한 구절을 볼 수 있다. 상당히 느닷없이 삽입된 이 장면에서 밤새도록 신과 격투하여 마침내 승리한 야곱은 신에게 '너는 이제 야곱이라 하지 말고, 앞으로는 이스라엘(이스로트 : 싸우다, 격투하다 + 엘 : 신, 주)이라 하라. 이는 네가 신과 겨루고 사람과 겨루어 이겼기 때문이다'라며 축복받는다(창세기 32장 24~32절). 이스라엘 민족의 기원 신화이지만 명백히 메소포타미아 문명의 영향을 강하게 받았음이 엿보이는 대목으로, 레슬링이 차지하던 당시의 사회적 위치를 잘 알 수 있다.

고대 이집트의 레슬링

이집트에서는 케마라고 불렸으며, 제5왕조에서 제21왕조(기원전 2400~1000년경)의 벽화에 등장한다. 초기의 레슬링은 전라에 허리띠만 매는 벨트레슬링이었으나, 신왕국 시대 들어 병사가 입던 허리옷을 걸치게 된다. 국왕을 칭송하는 축제의 일환으로 거행되었을 뿐만 아니라 병사 훈련의 일환으로서도 실시되었다. 이집트 남부 누비아 왕국에서 실시하던 레슬링의 영향을 받은 것으로 보이며, 허리에 조롱박을 매다는 등의 공통점이 오늘날에도 나타난다.

(W-1-3)
레슬링을 하며 노는 아이.
제5왕조 시대,
기원전 2494~2345년.

이집트 레슬링의 자세한 규칙은 불명이지만 초기에는 그라운드 기술도 포함하고 있었다. 조르기는 기원전 2000~1500년경까지만 해도 일반적으로 사용되었으나, 메디네트 하부에 있는 람세스 3세 시대의 부조(기원전 1000년경)에는 상대에게 초크홀드를 건 선수가 심판에게 "폐하의 어전에서 무슨 짓을 하느냐!"라고 질책받는 장면이 있어, 이 무렵에는 조르기가 금지되었으며 그라운드 기술도 폐지되었을 가능성이 있다.

(W-1-7) BH15-1. 띠를 매는 레슬러.

(W-1-8) BH17-85.

〔W-1-4〕
티아넨 무덤 유적 벽화에 그려진
누비아인 레슬러.
기원전 1410년경.

〔W-1-5〕
오락으로서의 레슬링 시합. 허리에 매단 조롱박이 보인다.
아마르나 출토. 기원전 1350년경.

〔W-1-6〕
레니 리펜슈탈의 기록영화에서, 누바 지방의 레슬링 장면.
조롱박을 허리에 매다는 스타일은 아마르나 시대의 것과 크게 다르지 않다.

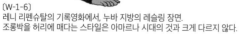

고대 그리스의 레슬링

그리스의 레슬링은 스탠딩 레슬링(Orthos Pele)과 그라운드 레슬링(Kato Pale)의 두 종류가 있었다. 둘은 시합장 형식도 달라 스탠딩 레슬링은 모래밭(Skamma)에서 하는 반면 그라운드 레슬링은 모래에 물을 섞은 진흙(Keroma) 위에서 이루어졌다. 운동 전에 모래밭을 곡괭이로 갈아 모래를 부드럽게 하는 것이 당시의 에티켓이었으며, 그래서 곡괭이는 스포츠를 상징하는 도구로 여겨졌다. 올림픽 대회에서는 전용 레슬링장이 건설되기 전까지 달리기 경주가 열리던 장소를 갈아 모래땅을 만들었으리라 추측된다. 그 크기는 알 수 없지만 트랙 전체를 사용했다고도 한다.

스탠딩 레슬링은 올림픽에도 채용된 당시 가장 널리 이루어지던 레슬링으로서, 세 판을 먼저 따내는 사람이 이기는 방식이라 승자는 '세 판 승자(Triakter)'라고 불렸다. 한 판을 따내기 위해서는 상대의 양어깨를 땅에 닿게 할 필요가 있었으며 조르기나 관절기는 많이 사용하지 않았다.

한편 그라운드 레슬링은 한 판 승부로, 유도나 현대 레슬링 같은 누르기에 의한 승리가 없어 관절기와 조르기를 이용하여 상대를 항복시키는 이외에는 승부가 나지 않았다. 그래서인지 서기 2세기의 언어학자 폴룩스가 편집한 사전에는 레슬링 항목의 첫 단어가 '조르기'로 되어 있다. 또한 흥미롭게도 서기 5세기의 노누스가 저술한 소설에 항복 표시로 상대를 두드리는 묘사가 등장하는 것으로 보아, 경우에 따라서는 탭의 기원이 기원전으로 거슬러 올라갈 가능성이 있다. 진흙 속에서 싸울 때 머리카락이 더러워지지 않도록 가죽제 모자를 쓰기도 했다(트레이닝 항목 [T-1-6]도 참조).

두 타입 모두 알몸으로 온몸에 올리브기름을 바르고 싸운다. 하지만 그래서는 미끄러지므로 온몸에 고운 모래 등의 가루(Konis)를 뿌리고 시합에 나섰다. 선수 가운데는 이 가루를 몰래 털어내서 잡기 어렵도록 꾀를 부리는 사람도 있었다고 한다.

또한 올림픽에서는 손가락 꺾기가 금지되었던 듯, 올림피아에서 출토된 기원전 6세기의 비문에는 손가락을 꺾는 것을 금지하는 조항이 새겨져 있다. 다만 이것이 모든 시대와 지역에서 동일했는지는 알 수 없다.

고대의 레슬링은 고도로 연구된 스포츠로서, 격투기 중 유일하게 전장에서 쓸모 있는 기술로 인식되었다. 또한 '중량급 경기(격투기)' 가운데 가장 안전하다고 여겨졌으나, 그럼에도 사망자가 나왔다는 기록이 남아 있다.

레슬링과 동성애

고대 그리스에 동성애 문화가 존재했다는 사실은 널리 알려져 있다. 하지만 당시의 동성 애는 현대에 흔히 말하는 동성애와는 다르다는 점을 분명히 해둘 필요가 있다. 당시의 동성 애는 Paedorastia라는 것으로 직역하면 '소년애(少年愛)'가 된다. 즉 연상의 남성이 사춘기 전후의 소년과 관계를 맺음으로써 소년은 남성을 통해 어른 사회에서 필요한 여러 가지 몸 가짐과 관습, 때로는 여성(창부)과의 성적 관계에 관하여 배웠으며, 나아가서는 성장했을 때 사회적 · 정치적 영향력을 얻을 수 있었다. 소년이 그에 대해 정신적 · 육체적 애정으로 보 답하는 것으로서, 일종의 성년 의례적인 측면을 가지고 있었다고도 일컬어진다.

성적 관계라고 해도 남성의 성기를 소년의 넓적다리에 끼워 사정하는 정도에 그쳤고, 항 문 성교 등은 터부시되었다. 그리고 베로이아 시에서 출토된 운동장 규칙 가운데 '동성애자 의 출입을 금한다'는 항목을 보면 알 수 있듯 동년배끼리의 연애는 확실히 터부로 인식되고 있었다. 또한 이 관습은 상 · 중류 계급에만 침투해 있었다고 여겨진다.

그리고 이러한 동성애에는 운동장, 그중에서도 레슬링장의 존재가 크게 관계하고 있다. 전라로 경기를 하는 관습상, 건강하고 생기 있는 소년의 나체를 감상하게 되는 남성진이 소 년에 대한 감정을 자극받는 측면이 컸을 것이다.

실제로 레슬링이나 판크라티온을 할 때는 포피 끝을 끈으로 매는 풍습이 있었는데, 이는 발기를 막기 위해서였다고 한다(그 밖에 끈의 한쪽 끝을 트레이너가 쥐고 훈련생의 주의를 끌 때 잡아당겼다는 설도 있으나, 레슬링을 하면서 긴 끈을 매단다는 것은 너무 위험하여 있 을 수 없는 이야기이다).

동성애의 방식은 상당히 의식화되어 있었다. 우선 아버지의 승낙을 받을 필요가 있다. 승 낙을 받으면 두 사람은 운동장으로 가서 한바탕 운동(특히 온몸에 기름을 바르고 매끈매끈 한 몸으로 뒤엉키는 레슬링이 선호되었다)한 뒤, 남성이 소년에게 선물을 주며 고백한다. 여 기서 선물을 받으면 커플이 성립하게 된다.

이 때문인지 소년과 함께 운동장에 가는 것은 당시 남성에게 매우 성적인 의미가 있었으 며, 그곳에서 아무 일도 벌어지지 않는 것은 일종의 불명예이기도 하였다. 실제로 친구가 아 들을 불러내 운동장까지 가놓고 아무 일도 하지 않자, 아버지가 친구에게 호통을 쳤다는 이 야기가 전해진다. 이 관계 속에서 소년은 언제나 수동적인 자세로 수줍음을 가지고 조신하 게(글자 그대로 뺨을 붉히며) 남성의 사랑을 받아들여야 한다고 여겨졌다.

플라톤은 『향연』에서 알키비아데스와 소크라테스의 연애에 관하여 이야기하고 있다. 소 년이 먼저 유혹하는 흔치 않은 경우였는데, 알키비아데스는 소크라테스를 사랑하며 그 또한 자신을 좋아한다고 생각했다. 하지만 조용한 장소를 찾기 힘들었던 그는 레슬링장으로 소크 라테스를 꾀어 수차례 레슬링을 하고 나서 유혹하려 했으나, 결국 더 이상은 일을 진전시킬 수 없었다. 이 기록을 통해 레슬링은 장래의 연인들이 서로의 감정을 확인하거나 더욱 친밀

해지기 위한 기회였다는 사실을 알 수 있다. 이를 증명하듯 항아리 그림에서는 운동 후 몸을 닦는 해면과 스트리길, 기름병을 그려 넣어 동성애와 그 관능을 상징시키고 있다.

〔C-5-1〕
한 손을 턱에, 다른 한 손을 고간에 대는 것은 사랑 고백을 나타내는 포즈. 발기한 성기가 이 고백이 성적인 것임을 알려준다.

〔C-5-2〕
고백 장면. 소년이 손에 든 것은 선물인 장난감. 소년 뒤로 보이는 것은 해면, 스트리길과 기름병이다.

〔C-5-3〕
소년애 장면. 왼쪽 남성이 오른쪽 소년과 성적인 교섭을 하려는 순간을 묘사한 항아리 그림이다. 오른쪽 지팡이에 매달린 것은 해면과 기름병.

하단자세
Under-hand guard

시대 : 전 시대.

부록 : 〔BH17-72〕〔BH2B-18〕〔G11〕

손을 허리 근처에 두고 태세를 갖추는, 고대로부터 현대에 이르기까지 널리 사용되고 있는 자세.

〔W-1(BH15-2)〕

도해

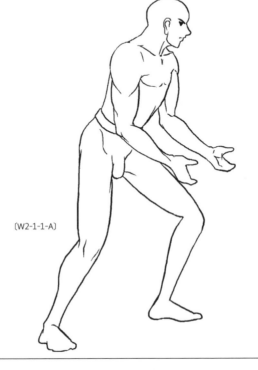

〔W2-1-1-A〕

레슬링 자세/잡기 2

상단자세
Upper-hand guard

시대 : 이집트, 그리스.

부록 : 〔G12〕〔G16〕〔G15〕

양팔을 곧게 앞으로 뻗는 자세. 그리스의 것은 체중을 오른 다리에 싣고 왼발을 살짝 띄우는 자세로서, 판크라티온 자세라고 추정되지만 그림만으로는 둘이 구별되지 않아 여기에서 소개한다.

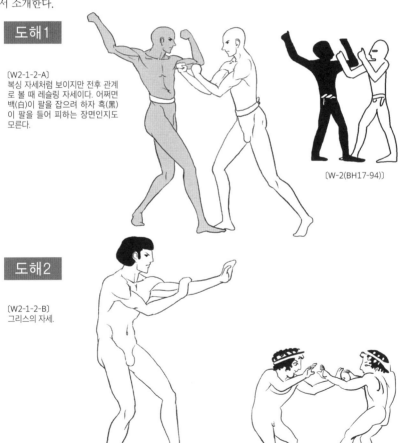

도해1

〔W2-1-2-A〕
복싱 자세처럼 보이지만 전후 관계로 볼 때 레슬링 자세이다. 어쩌면 백(白)이 팔을 잡으려 하자 흑(黑)이 팔을 들어 피하는 장면인지도 모른다.

〔W-2(BH17-94)〕

도해2

〔W2-1-2-B〕
그리스의 자세.

〔W-3〕

팔 잡기
Wrist/arm grabbing

시대 : 전 시대.

부록 : 〔BH15,6,7,9,10,58,69,167〕〔BH17-10,69,86,92〕/〔G9〕

가장 기본적인 잡기 기술. 상대의 팔, 특히 손목을 붙잡는다. 그리스의 항아리 그림에서는 미끄러지지 않게 하기 위해서인지 양손으로 상대의 한쪽 손목을 붙잡는 묘사가 자주 등장한다. 그 밖에도 상대의 좌우 손목을 붙잡거나, 한 손으로 상대의 손목을 붙잡고 다른 한손으로 상대의 목을 붙잡는 등의 방법이 있다.

서기 5세기의 『디오니시아카』에는 서로의 손목을 붙잡고 이마를 밀어붙인 채 손을 밀거나 당겨 우위를 차지하려 하는 장면이 등장한다.

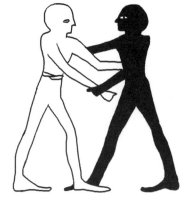

〔W-4(BH2C-16)〕

레슬링 자세/잡기 4

베어허그
Bearhug

시대 : 전 시대.
부록 : 〔BH15-202〕

상대의 동체를 양팔로 껴안고 조르는 잡기 기술. 그리스 신화에서는 헤라클레스가 발이 대지에 닿아 있는 한 무적인 거인을 이 기술로 들어 올려 졸라서 죽인다. 상대의 등 뒤에서 기술을 거는 방법이 일반적. 상대를 확실히 붙들 수 있어서인지 온몸에 기름을 바르는 그리스식에서 가장 많이 사용되던 기술 중 하나이다. 서기 2세기의 옥시링쿠스 파피루스(Oxy-rinchus papilus) 네 번째 기술(아래에서 껴안는다. 상대 뒤로 돌아 들어간다)은 전방 베어허그에서 돌아 들어가 후방 베어허그로 변화하는 기술이라 추측된다.

〔W-6〕

도해

〔W2-1-4-A〕
후방 베어허그. 당하는 쪽은 다리를 감아 더 이상 들리지 않도록 하고 있다.

〔W-5(BH15-70)〕

레퍼리스 홀드
Referee's hold

시대 : 전 시대.

부록 : 〔BH17-93〕〔BH29-4〕

상대의 목을 붙잡아 아래로 누르는 기술. 서기 5세기의 『디오니시아카』에서는 트라키아의 왕녀 팔레네가 이 기술을 디오니소스 신에게 사용한다.

도해

〔W2-1-5-A〕

〔W-7〕

베리에이션

〔W2-1-5-B〕
상대의 머리를 붙잡는다. 위의 기술처럼 머리를 눌러 내리는 것이 일반적이지만, 이 도해와 같이 상대의 접근을 저지하듯 머리를 잡는 경우도 있다. 부록〔G5〕.

〔W-8〕
투스쿨룸의 모자이크. 서기 3세기.

레슬링 자세/잡기 6

그라운드 기술의 시작 자세 1
Starting position for ground-play 1

시대 : 이집트.

부록 :

　　이집트식 레슬링의 자세한 규칙을 알 수 없으므로, 그라운드 기술만으로 이루어진 라운드가 있었는지는 분명하지 않다. 여기에서는 그럼직하게 보이는 상황 묘사를 벽화 등에서 추출하였다.

도해1

〔W2-1-6-A〕
서로 왼 다리를 내민 상태에서 오른 무릎을 꿇고 오른손으로 상대의 왼 무릎을, 왼손으로 목을 끌어안은 자세.

〔W-9(BH15-16)〕

도해2

〔W2-1-6-B〕
중왕국 시대(기원전 2000~1700년)의 소상으로, 연대적으로는 Beni hasan 벽화군과 거의 같은 시기. 지면에 웅크린 상대의 왼쪽 옆에 마주하듯 앉아, 왼팔로 상대의 몸통을 끌어안고 오른손으로 다리를 잡는다. 한편 상대는 왼팔을 상대의 몸통에 두르고 오른손으로 상대의 다리를 잡는다.

〔W-10〕

그라운드 기술의 시작 자세 2
Starting position for ground-play 2

시대 : 이집트.

부록 :

손으로 땅을 짚고 엎드린 상대의 몸통을 뒤에서 끌어안는 자세.

도해1

시작 자세.

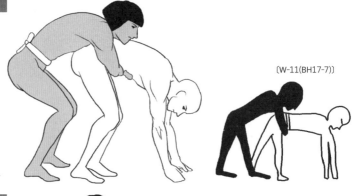

〔W-11(BH17-7)〕

도해2

기술 A. 오른팔을 몸통에 감은 채, 왼손을 상대의 몸 아래로 통과시켜 오른팔을 잡는다. 그대로 상대의 오른팔을 왼쪽 뒤로 당겨 쓰러뜨린다.

〔W-12(BH15-17)〕

도해3

기술 B. 오른손으로 상대의 오른 발목을 잡고 들어 올리는 동시에 왼손으로 상대의 왼팔을 잡아당겨 쓰러뜨린다. 부록 〔BH15-199〕.

〔W-13(BH15-55)〕

레슬링 자세/잡기 8

그라운드 기술의 시작 자세 3
Starting position for ground-play 3

시대 : 이집트.

부록 : 〔BH15-75,76,83,86,88,90,93,99,150,156,157,190〕
〔BH17-39,50,71,77,101,112,115,116〕

여기에서는 메치기 기술을 성공시킨 후 그라운드 기술로 이행한 순간을 묘사한 벽화를 소개한다.

도해1

〔W2-1-8-A〕
뒤에서 상대의 목과 허리띠를 잡고
뒤집어 엎드리려는 것으로 보인다.

〔W-14(BH15-68)〕

도해2

〔W-15(BH15-72)〕

〔W2-1-8-B〕
상대의 다리를 자신의 오른 다리에 끼워 움직임을 봉쇄하고 있다.

맞잡기
Clinch

시대 : 이집트.

부록 : 〔BH15-110,138,175,189,200,204〕〔BH17-2,3,4,13,27,32,75, 96,107,108,111,117〕〔BH2B-24〕〔BH2C-11〕〔PT-1〕〔AB-5〕

　맞잡기 자체는 전 시대에 공통된 기술이지만, 여기에서는 이집트의 것에 초점을 맞춰 전술한 팔 잡기, 베어허그, 목씨름 등의 세 종류에 해당하지 않는 기술을 추리고 그중에서도 대표적인 것을 소개한다.

도해

〔W2-1-9-A〕
흑(왼쪽)이 백의 목을 끌어안고, 백은 위에서 내리누르며 왼손으로 상대의 허리띠를 잡는 동시에 오른팔을 상대의 등에 둘러 상대를 꼼짝 못 하게 하고 있다. 어쩌면 목을 끌어안은 흑의 오른쪽 어깨를 꺾는 관절기의 일종인지도 모른다.

〔W-16(BH15-160)〕

레슬링 메치기 1

인사이드 레그훅
Inside leg-hook

시대 : 전 시대.

부록 : 〔BH15-12,27,65,147〕〔BH17-1,25,58,82〕

맞잡은 상태에서 자신의 한쪽 다리를 상대의 두 다리 사이에 넣어 무릎 뒤로 휘감듯 걸고 자신과 함께 넘어지는 기술. 『일리아스』에서는 아이아스와 레슬링을 하던 오디세우스가 사용했다. 이때 오디세우스는 아이아스를 들어 올리려 하지만 체격이 뛰어난 아이아스는 들리지 않았다. 그래서 오디세우스는 다리를 걸어 아이아스와 함께 쓰러진다. 이어서 오디세우스가 들어 올려질 차례가 되었을 때도 그는 마찬가지로 다리를 휘감고 '무릎 뒤를 강하게 후려' 아이아스를 밑에 깔고 쓰러졌다. 이처럼 상대의 들어올리기를 방어하는 데도 사용되었다. 같은 기술이 서기 5세기의 논노스가 쓴 『디오니시아카』에도 등장하는 것으로 보아 상당히 일반적인 방어법이었던 듯하다.

도해

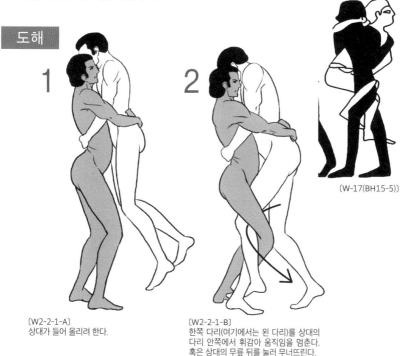

〔W-17(BH15-5)〕

1
〔W2-2-1-A〕
상대가 들어 올리려 한다.

2
〔W2-2-1-B〕
한쪽 다리(여기에서는 왼 다리)를 상대의 다리 안쪽에서 휘감아 움직임을 멈춘다. 혹은 상대의 무릎 뒤를 눌러 무너뜨린다.

베리에이션 1

〔W2-2-1-C〕
뒤에서 건다.

〔W-18(BH15-47)〕

베리에이션 2

〔W-19(BH17-65)〕

〔W2-2-1-D〕
뒤에서 상대의 팔을 머리 위로
꺾으며 건다.

카운터 1

〔W2-2-1-E〕
상대에게 기댄다.

〔W-20(BH15-184)〕

카운터 2

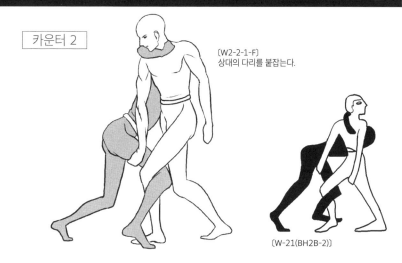

〔W2-2-1-F〕
상대의 다리를 붙잡는다.

〔W-21(BH2B-2)〕

카운터 3

〔W2-2-1-G, H〕
상대가 다리를 걸어온 순간 상대의 몸을 왼쪽으로 떼어내 그대로 내리누른다.

〔W-22〕

업어치기
Shoulder throw/Flying mare

시대 :	이집트, 그리스.
부록 :	

앞으로 기울어진 상대의 몸 아래로 뒤돌아 들어가, 등에 상대를 태운 상태 그대로 상대의 기세를 죽이지 않고 허리로 튕겨 올려 앞으로 던지는 기술. 나체로 진행되는 특성상 한팔 업어치기가 많았다. 서기 2세기의 옥시링쿠스 파피루스 두 번째 기술(던진다. 서서 돈다)도 이 기술을 가리킨다고 추측된다.

〔W-23〕

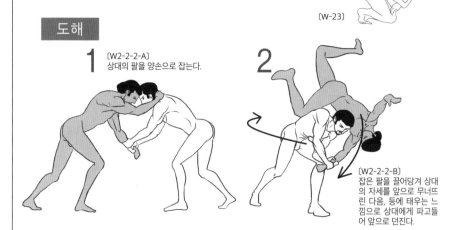

도해

1 〔W2-2-2-A〕
상대의 팔을 양손으로 잡는다.

2 〔W2-2-2-B〕
잡은 팔을 끌어당겨 상대의 자세를 앞으로 무너뜨린 다음, 등에 태우는 느낌으로 상대에게 파고들어 앞으로 던진다.

카운터

〔W2-2-2-C〕
다리를 건다.
부록 〔BH15-103〕〔BH17-105〕.

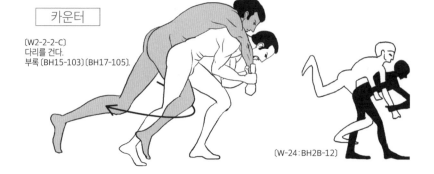

〔W-24 : BH2B-12〕

70

레그트립
Leg-trip

시대 : 이집트, 그리스.

부록 :

옆 또는 대각선 앞으로 상대의 자세를 무너뜨린 뒤, 무너지는 상대의 다리 바깥쪽에 자신의 다리를 가져다 댐으로써 상대를 고꾸라뜨리는 기술로 유도의 빗당겨치기 등이 대표적이다. 후방 베어허그의 카운터로서 사용되기도 한다.

도해

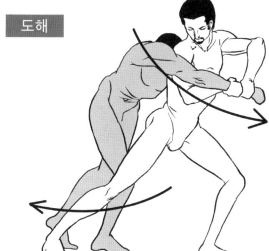

〔W2-2-3-A〕
상대의 팔을 당겨 자세를 무너뜨리고, 기울어지는 상대의 다리 앞에 자신의 다리를 갖다 대 고꾸라뜨린다. 상대의 팔을 양손으로 잡는 것과 목도 동시에 끌어안는 것 등 두 종류가 있다.

〔W-25 : BH15-53〕

〔W-26 : BH17-73〕

〔W-27〕

베리에이션

〔W-28(BH17-66)〕

〔W2-2-3-B〕
약간 정면을 향한 채 메치고 있다.
무릎대돌리기에 가까운 기술.

주 : 이 기술은 그림으로만 보면 허리치기와 거의 구별이 되지 않기 때문에, 아래에서 소개하는 카운터도 허리치기의 카운터일 가능성이 높다.

카운터 1

〔W2-2-3-C〕
레그훅으로 상대의 다리를 걸어 쓰러지지 않도록 막는다. 여기에서 반격당하고 있는 기술은 일반적인 것과 몸의 위치가 반대이다.

〔W-29(BH15-41)〕

카운터 2

〔W2-2-3-D〕
상대의 다리를 붙잡는다.
부록〔BH17-47, 63, 76〕.

〔W-30(BH15-113)〕

레슬링 메치기 4

싱글레그 테이크다운
Single-leg takedown

시대 : 전 시대.

부록 : (BH15-11, 26, 30, 36, 43, 46, 51, 91, 101, 105, 111, 131, 139, 144, 158, 161, 170, 171, 172, 176, 179, 185, 194, 207)
(BH17-5, 18, 23, 24, 42, 43, 46, 59, 60, 68, 70, 74, 81, 89, 90, 103)(BH2A-2, 3, 4, 6)(BH2B-22)(BH2C-7, 9, 14)(PT-4)

상대의 한쪽 다리를 잡고 끌어올려 쓰러뜨리는 기술. 전 시대를 통틀어 가장 일반적이었던 기술이지만, 다리를 잡는 데 실패하면 상대에게 위를 잡히기 때문에 그리스의 스탠딩 레슬링에서는 그리 사용되지 않았다고 여겨진다. 손으로 다리를 잡는 것 외에 팔꿈치에 걸고 들어 올리는 방법도 있었다. 매우 단순하면서도 효과적이어서 많은 베리에이션이 존재한다.

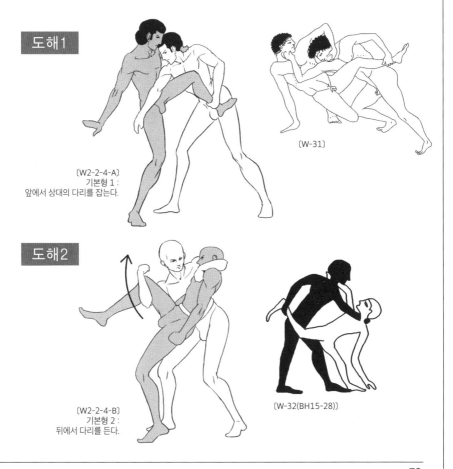

도해1

〔W2-2-4-A〕
기본형 1 :
앞에서 상대의 다리를 잡는다.

〔W-31〕

도해2

〔W2-2-4-B〕
기본형 2 :
뒤에서 다리를 든다.

〔W-32(BH15-28)〕

도해3

〔W2-2-4-C〕
기본형 3 :
앞에서 두 손으로
다리를 잡는다.

〔W-33(BH2A-5)〕

베리에이션 1

주 : 베리에이션이 너무 많으므로 여기에서는 특징적인 것을 뽑아 소개하고, 그 밖에는 전부 일반적인 기술로서 앞에 게재하였다.

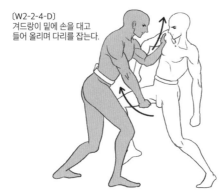

〔W2-2-4-D〕
겨드랑이 밑에 손을 대고
들어 올리며 다리를 잡는다.

〔W-34:BH15-52〕

베리에이션 2

〔W-35(BH15-92)〕

〔W2-2-4-E〕
상대의 두 다리 뒤로
크게 손을 둘러 다리를 잡는,
더블레그 테이크다운과의
중간에 위치한 기술.

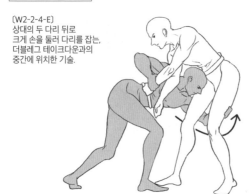

〔W-36(BH15-154)〕

베리에이션 3

〔W2-2-4-F〕
손을 자신의 몸 뒤로 돌려 상대의 다리를
잡고, 자신의 다리 사이로 꺼내듯 끌어올
린다.

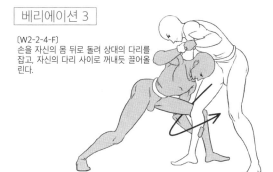

〔W-37(BH15-208)〕

베리에이션 4

〔W2-2-4-G〕
상대의 두 다리를
끌어안듯 잡는다.

〔W-38(BH2C-19)〕

베리에이션 5

〔W2-2-4-H〕
누우면서던지기의 카운터. 등 뒤의
상대가 뒤로 메치려 할 때 재빨리
다리를 잡고 들어 올린다.

베리에이션 6

〔W2-2-4-I〕
판크라티온 기술로서, 다리를 잡고
쓰러뜨린 뒤 그대로 펀치를 넣는다.

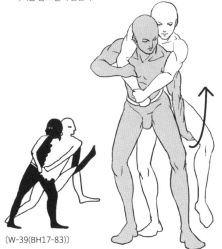

〔W-39(BH17-83)〕

〔W-40〕

카운터 1

〔W2-2-4-J〕
다리를 잡으러 온 팔을 위에서 누르는 동
시에, 다른 손으로 상대의 목을 아래로 내
리눌러 올라오지 못하도록 막는다.

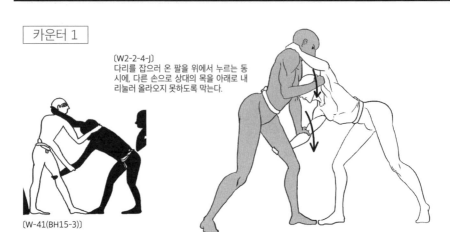

〔W-41(BH15-3)〕

카운터 2

〔W2-2-4-K〕
상대의 다리를 자신의 다리로 건다.

〔W-42(BH15-118)〕

카운터 3

〔W2-2-4-L〕
변형 길로틴초크. 벽화를 통해 판단하기로
는 오른팔을 상대의 턱 밑으로 둘러서 목
을 붙잡고, 왼팔로 상대의 오른팔을 움켜
쥔 듯 보인다.

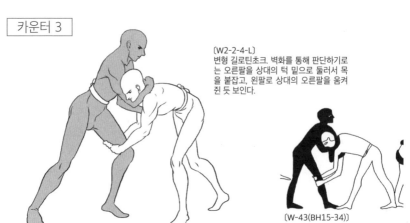

〔W-43(BH15-34)〕

카운터 4

〔W2-2-4-M〕
다리를 잡으러 온 상대의 허리띠를 두 손으로 잡고, 그대로 뒤로 주저앉아 넘어뜨린다. 벽화 속 흰색 인물의 팔 위치가 다소 이상한데, 이는 화가의 실수이거나 아니면 상대의 목을 끌어안고 있던 중, 목을 빼낸 상대가 몸통을 끌어안으려 다리를 잡은 상황을 표현한 것인지도 모른다.

〔W-44(BH15-62)〕

카운터 5

〔W2-2-4-N〕
다리를 잡으러 온 팔을 양팔로 끌어안으며 상대의 다리를 잡는다.

〔W-45(BH15-120)〕

카운터 6

1

2

〔W2-2-4-O1〕〔W2-2-4-O2〕
단순히 상대의 다리를 되잡는다. 앞에서 잡는 것은 물론 덮치듯 위에서 잡는 기술도 있다.
부록〔BH15-26, 183, 186, 191〕
〔BH17-26, 88〕〔BH2B-5〕.

〔W-46(BH15-126)〕

〔W-47(BH15-165)〕

카운터 7

[W2-2-4-P]
상대의 목을 부둥켜안고
체중을 실어 눌러 쓰러뜨린다.

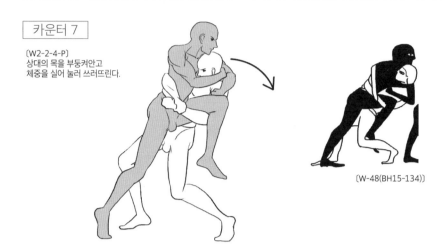

[W-48(BH15-134)]

카운터 8

[W2-2-4-Q]
위에서 짓누른다.

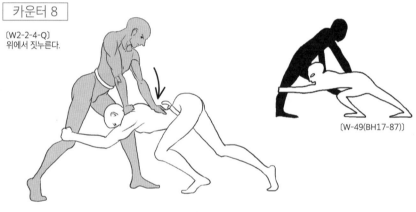

[W-49(BH17-87)]

카운터 9

[W2-2-4-R]
붙잡힌 다리를 상대의 고간에 넣어 위로
끌려올라가지 않도록 하고, 오른손으로
상대의 팔을 잡는다. 중세 유럽에도 같은
기술이 있었다.
부록 [BH2B-10].

[W-50(BH2B-7)]

카운터 10

〔W2-2-4-S〕
상대의 팔꿈치를 붙잡고 위로 끌어올려
관절을 꺾는다.

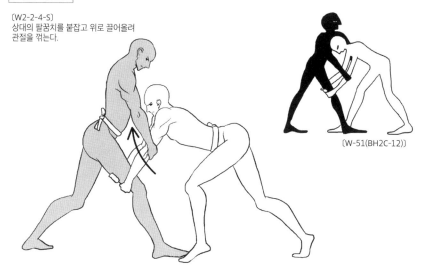

〔W-51(BH2C-12)〕

카운터 11

〔W2-2-4-T〕
등에 업히듯 다리를 잡혔을 때
뒤로 뛰어 풀어낸다.

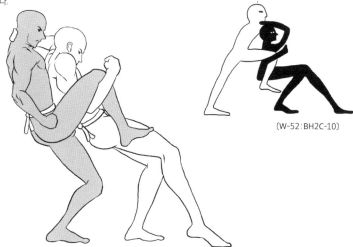

〔W-52:BH2C-10〕

어깨메치기
Over-the-shoulder body slam

시대 :	이집트, 그리스, 로마.
부록 :	〔BH15-31, 33, 35, 54, 117〕〔BH17-97〕〔BH2B-28〕〔MH-3〕〔PT-2〕〔AM : 일러스트 1〕

상대를 어깨 위로 안아 올려 메치는 기술. 유도와 같은 도복이 없기 때문에 상대의 목을 끌어안고, 다른 한 손을 고간에 넣어 들어 올린다.

〔W-53〕

도해

1

〔W2-2-5-A〕
맞붙어 싸우는 상태.
왼손을 상대의 목 왼쪽에 댄다.

2

〔W2-2-5-B〕
왼손으로 상대의 목을 내리누르며
상대의 몸 밑으로 파고든다.

3

〔W2-2-5-C〕
자신의 목을 지렛목 삼아 상대를
반대쪽으로 메친다.

카운터 1

〔W2-2-5-D〕
허리로 치고 들어온 상대의 팔을 붙잡아
내리누르며 헤드록을 건다.

〔W-54(BH15-77)〕

카운터 2

〔W2-2-5-E〕
허리로 손을 뻗어 들어오는 상대의 몸통
을 부둥켜안고, 고간 너머로 상대의 다리
를 잡는 동시에 왼발로 상대의 오른 다리
를 건다.

〔W-55(BH15-125)〕

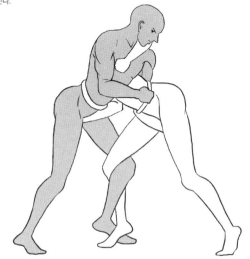

카운터 3

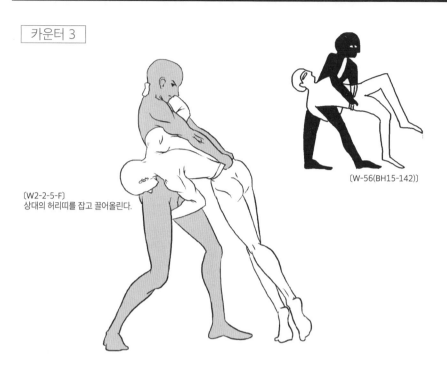

〔W2-2-5-F〕
상대의 허리띠를 잡고 끌어올린다.

〔W-56(BH15-142)〕

카운터 4

〔W2-2-5-G〕
상대의 다리를 잡는다.

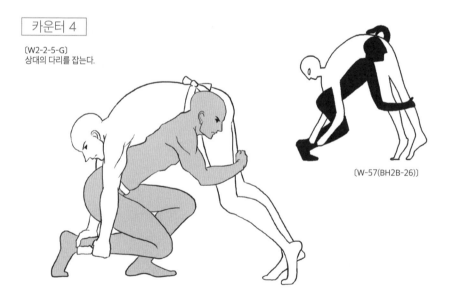

〔W-57(BH2B-26)〕

레슬링 메치기 6

변형 업어치기
Shoulder-throw 2

시대 : 그리스, 에트루리아.

부록 :

어깨메치기의 일종이라고도 볼 수 있
는 기술로, 상대의 목 또는 몸통을 끌어
안고 메친다.

〔W-58〕

〔W-59〕
에트루리아 '원숭이의 무덤'의 벽화.

도해

1

〔W2-2-6-A〕
상대의 오른 손목을 두 손으로 잡는다.

2

〔W2-2-6-B〕
오른손으로 상대의 손목을 당겨 자세를 무너뜨리고, 상대의 몸 아래에 반
시계 방향으로 회전하며 파고든다. 상대를 어깨에 둘러메듯 하여 왼손으
로 상대의 동체 또는 목을 잡는다.

3

〔W2-2-6-C〕
지면에 무릎 꿇고 상대를 앞으로 메친다.

베리에이션

〔W-60(MR-1)〕
프로레슬링의 브레인버스터와 비슷한 기술.
차이는, 상대가 등 쪽에 온다는 점이다.

1

〔W2-2-6-D〕
상대의 목을 오른팔로 끌어안고 자세
를 낮춰 상대를 앞으로 넘어뜨리는
동시에, 목을 상대의 몸 아래로 밀어
넣는다. 왼손으로는 허리띠 또는 다
리를 잡아 메치기를 보조한다.

2

앞으로 고꾸라진 상대를 어깨 너머
뒤로 메친다.
부록〔BH17-20, 21, 22, 40, 44〕
〔AB-4〕.

레슬링 메치기 7

허리후리기
Leg-sweep throw

시대 : 이집트, 로마.

부록 : 〔BH15-42,44,100,192〕〔BH17-64,80〕〔BH2B-4〕〔BH2C-21〕〔BH29-3〕

상대의 자세를 앞으로 무너뜨리며 한쪽 다리로 상대의 다리를 후려 메치는 기술. 도해와 같이 상대의 왼팔을 위에서 감싸 쥐고 메치는 것 외에 목을 끌어안고 메치는 방법도 있다. 서기 3세기의 『에티오피아 이야기』에도 등장한다.

〔W-61(BH15-145)〕

도해

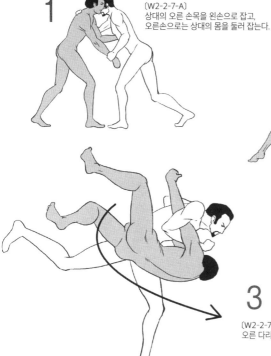

1
〔W2-2-7-A〕
상대의 오른 손목을 왼손으로 잡고, 오른손으로는 상대의 몸을 둘러 잡는다.

2
〔W2-2-7-B〕
상대의 오른팔을 세게 당겨 자세를 무너뜨리는 동시에 몸을 반시계 방향으로 회전시켜 상대의 몸을 허리 위에 싣는다.

3
〔W2-2-7-C〕
오른 다리로 상대의 다리를 후려 올리며 던진다.

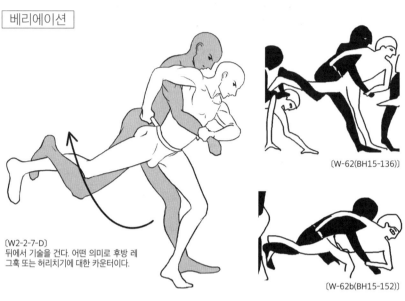

〔W2-2-7-D〕
뒤에서 기술을 건다. 어떤 의미로 후방 레
그훅 또는 허리치기에 대한 카운터이다.

〔W-62(BH15-136)〕

〔W-62b(BH15-152)〕

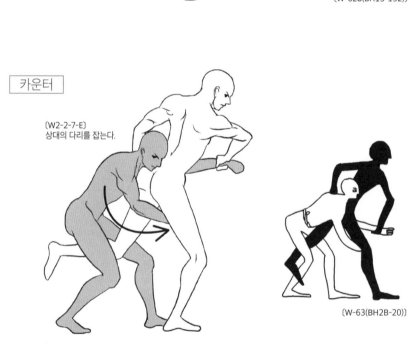

카운터

〔W2-2-7-E〕
상대의 다리를 잡는다.

〔W-63(BH2B-20)〕

레슬링 메치기 8

보디슬램
Body slam

시대 : 전 시대.

부록 :

상대의 몸을 들어 올려 지면에 내던지는 기술. 대부분의 경우 상대를 거꾸로 낙하시킨다. 벽화로는 판단하기 어려우므로 여기에서는 상대를 들어 올릴 뿐인 리프트도 포함하여 수록하였다.

도해1

〔W2-2-8-A〕
기본형 1 : 앞에서 들어 올린다.

〔W-64(BH17-37)〕

도해2

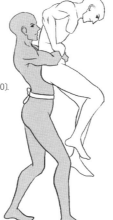

〔W2-2-8-B〕
기본형 2 : 뒤에서 들어 올린다.
부록〔BH15-114〕〔BH17-98, 100〕.

〔W-65(BH17-92)〕

(W2-2-8-C)
기본형 3 :
앞에서 상대를
거꾸로 들어 올린다.
부록 (BH15-198),
(BH17-55)(BH2B-19).

(W-66)

(W-67)

(W2-2-8-D)
기본형 4 : 상대가 지면과 평행이 되도록 들어 올린다.
부록 (BH15-40)(BH17-54, 11)(BH2B-6)(PT-3),
(M-2)(G13).

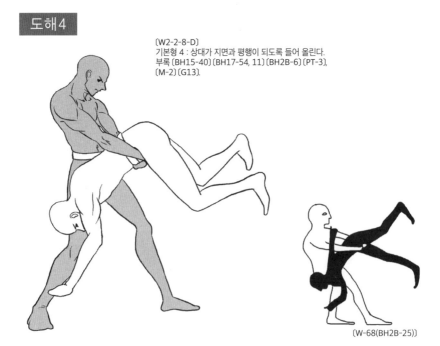

(W-68(BH2B-25))

베리에이션 1

(W2-2-8-E)
상대 밑으로 파고들어 들어 올린다.

(W-69:PT-5)

베리에이션 2

(W2-2-8-F)
상대의 팔을 등 뒤로 꺾어
들어 올린다.

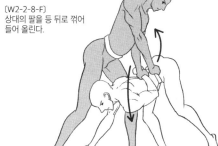

(W-70(BH15-143))

카운터 1

(W2-2-8-G)
상대의 다리에 자신의 다리를 감아
더 이상 들어 올리지 못하도록 한다.
부록 (BH15-15, 25, 64, 66, 133),
(BH17-8, 28, 30)(BH2B-1)(MH-1).

(W-71(BH15-112))

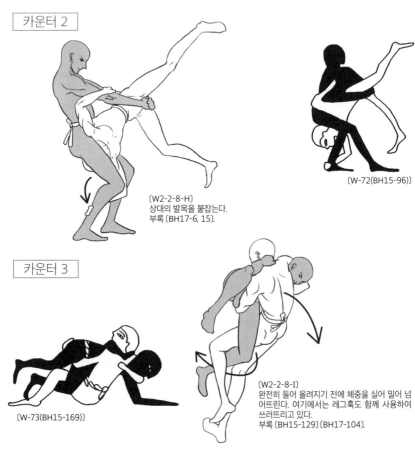

카운터 2

〔W-72(BH15-96)〕

〔W2-2-8-H〕
상대의 발목을 붙잡는다.
부록〔BH17-6, 15〕.

카운터 3

〔W-73(BH15-169)〕

〔W2-2-8-I〕
완전히 들어 올려지기 전에 체중을 실어 밀어 넘
어뜨린다. 여기에서는 레그훅도 함께 사용하여
쓰러뜨리고 있다.
부록〔BH15-129〕〔BH17-104〕.

카운터 4

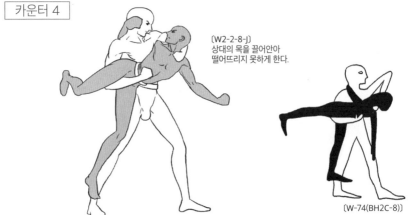

〔W2-2-8-J〕
상대의 목을 끌어안아
떨어뜨리지 못하게 한다.

〔W-74(BH2C-8)〕

카운터 5

(W2-2-8-K)
다리를 감아 움직임을 멈추고
넥 트위스트를 건다.

(W-75(AB-1))

카운터 6

(W-76(PH17-45))

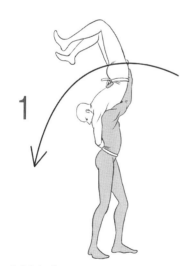

1

2

(W2-2-8-L1)
앞에 게재한 (W2-2-8-C) 또는 (W2-2-6-D, E)의 카운
터. 상대가 뒤로 메칠 때 크게 몸을 젖혀 발부터 착지한
다.

(W2-2-8-L2)
착지한 상태. 이 상태에서 몸을 비틀어 상대를 밑으로
쓰러뜨린다. 벽화에서는 백의 왼손이 인체 구조상 불가
능한 위치에 있다.

옥시링쿠스 파피루스 기술 5

Technique 5 Oxyrinchus Papilus

시대 : 그리스, 로마.

부록 :

번역에 따라 다양한 해석이 가능한 기술. 여기에서는 폴리아코프와 밀러의 번역 양 버전을 소개한다. 폴리아코프의 번역은 '오른팔을 상대의 팔 밑에 질러 잡는다. 상대가 밑으로 잡고 있는 반대쪽 팔에 왼팔을 감아 두르고, 왼발로 상대의 측면을 파고든다. 왼손으로 상대를 밀어낸다. 그대로 누른다'로 되어 있다. 반면에 밀러는 '오른팔 밑으로 파고든다. 자신이 밑으로 잡은 쪽 팔을 돌려 넣으며, 왼 다리를 상대의 옆구리에 건다. 왼 다리 너머로 메친다. 뒤로 돌아 들어간다'라고 번역하고 있다. 밀러의 기술과 비슷하다고 추정되는 기술이 베니하산의 벽화에도 등장한다. 여기에서는 기술을 당하는 쪽(흑)이 왼 다리를 감아 방어하는 모습이다.

〔W-77(BH15-50)〕

도해 1

1

〔W2-2-9-A〕
폴리아코프의 번역에 의한 해석 : 맞잡은 상태에서 오른팔을 상대의 왼팔 밑에 두른다. 동시에 왼팔로 상대의 오른팔을 위에서 끌어안는다.

2

〔W2-2-9-B〕
왼팔을 감은 채 왼손으로 상대의 가슴을 누르면서 오른손으로 상대의 몸을 잡아당기고, 발을 내디뎌 상대를 오른쪽 앞으로 메친다.

도해2

(W2-2-9-C)
밀러의 번역에 의한 해석 : 상대의 오른팔 밑을 빠져
나가 등 뒤로 돌아 들어가 상대의 몸을 끌어안는다.
왼발을 상대의 몸통(또는 왼 다리)에 감고 왼쪽 앞으
로 쓰러지도록 메친다.

운동장

고대 그리스에서 운동장(Gymnasium)이란 중앙 광장(Agora), 시청사(Bouleuterion)와
더불어 도시의 필수 시설이자 문명의 상징이었다.

전용으로 설계된 시설로서의 운동장이 나타난 것은 기원전 6세기경이라고 일컬어지며,
그 이전까지는 적당한 광장을 만들어 운동하는 용도로 이용했다.

운동장에 있어 가장 중요한 요소는 땀과 먼지를 씻어줄 물의 공급이다. 그래서 모든 운동
장은 하천가에 만들어져 항상 충분한 물을 공급하도록 되어 있었다. 그 밖에 필수적인 것은
달리기 경주용 트랙으로, 창던지기나 원반던지기용 공간이 부수되는 경우도 있다. 이러한
트랙은 특별한 시설이 있는 것은 아니었지만, 주위에 나무를 심어 나무 그늘을 만들어냈다.

우리에게 건물로서 인식되는 것은 레슬링장이다. 레슬링과 복싱, 판크라티온을 실시하는
모래밭(Skamma)을 건물이 둘러싸는 양식의 건축으로, 건물에는 탈의장, 수돗가, 펀칭백실,
마사지실 등이 마련되었고 모래밭에 면한 회랑에는 '철학자와 웅변가들이 토론할 수 있도
록' 벤치 등이 설치되었다. 나아가 호화로운 운동장에는 겨울이나 악천후를 대비한 지붕이
달리기도 했다.

로마 시대 들어서면 운동장은 목욕탕의 일부가 되어 주위를 벽으로 둘러싸 밖에서 보이
지 않게 된다. 창관이 부속되기도 하였으며 운동장에서 직접 갈 수 있도록 된 곳도 있었다.

허리치기
Hip throw

시대 : 전 시대.

부록 :

허리를 지렛목 삼아 상대를 메치는 기술로 다양한 베리에이션이 존재한다.

도해1

〔W2-2-10-A〕
기본형 1 : 상대 뒤로 파고들어 등을 맞댄 상태에서 허리
를 지렛목 삼아 메친다.

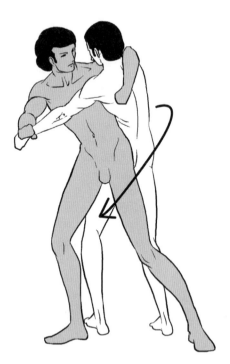

〔W-78(BH17-38)〕

〔W-79〕 델포이, 기원전 3세기.

도해2

[W2-2-10-B]
기본형 2 : 맞붙은 상태에서 상대의
손을 잡아당기며 반회전하여 상대
를 자신의 허리에 싣고 메친다.
부록 [BH17-19, 56].

[W-80(BH17-12)]

카운터 1

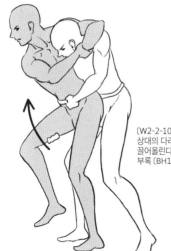

[W2-2-10-C]
상대의 다리를 잡아
끌어올린다.
부록 [BH15-45].

카운터 2

[W2-2-10-D]
상대의 다리에 발을 감는다. 또한 허리를 낮춰
상대의 힘에 저항한다.
부록 [BH15-32, 116].

[W-81(BH15-166)]

[W-82(BH15-74)]

카운터 3

〔W2-2-10-E1〕〔W2-2-10-E2〕
상대의 왼팔 밑에 자신의 오른팔을 찔러 넣어 하프넬슨(넬슨홀드는 뒤팔
끌어안아잡기의 일종. 기술 〔W2-3-4〕를 참조)을 걸면서 왼손으로 상대
의 왼 다리를 잡는다.

〔W-83(BH15-87)〕

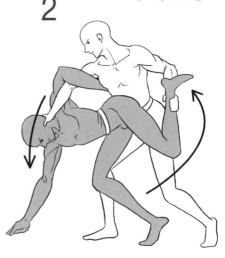

카운터 4

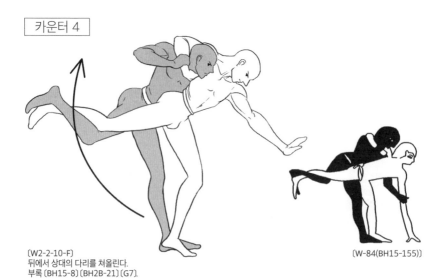

〔W2-2-10-F〕
뒤에서 상대의 다리를 쳐올린다.
부록 〔BH15-8〕〔BH2B-21〕〔G7〕.

〔W-84(BH15-155)〕

카운터 5

〔W2-2-10-G〕
발목을 잡고 끌어올린다.
부록〔BH15-122, 162〕〔BH2B-3, 23, 27〕〔BH2C-6〕.

〔W-85(BH15-24)〕

여성과 레슬링

　신화에서는 이아손이 이끄는 아르고호의 멤버이기도 했던 여자 사냥꾼 아탈란테나, 상대에게 레슬링 시합을 신청하고 패한 상대를 전부 죽였다는 트라키아의 왕녀 팔레네 등 레슬링을 하는 여성이 종종 등장하지만, 실제로 여성이 레슬링을 했는가 알아보면 부정적인 결과밖에 도출되지 않는다.

　스파르타에서 여성은 레슬링을 비롯한 스포츠를 영위했다고 전해지지만, 실제로는 달리기와 댄스(그것도 미혼 시)뿐이며 레슬링을 했다는 것은 후세(로마 시대)의 상상일 가능성이 높다고 지적된다.

　로마 시대의 스파르타는 '스파르타 마을'이라 부를 만한 테마파크로서 각지에서 찾아오는 관광객들을 상대로 '영광스러운 스파르타의 터프한 생활'을 보여주는 일대 구경거리가 되어 있었다. 그곳에서는 과거의 풍습을 확대해석하거나 보다 과격한 '전통 풍습'을 발명했기 때문에 스파르타에 관한 로마 시대의 기술은 신용하지 않는 편이 좋다.

　서기 3세기의 아테나이오스가 쓴 『현자의 연회』에는 일찍이 키오스 섬에서 남성에 섞여 소녀가 전라로 레슬링을 했다는 기술이 있으나 사실인지는 역시 의심스럽다.

아웃사이드 레그훅
Outside leg-hook

시대 : 이집트.

부록 : 〔BH15-128,206〕〔BH17-9,34〕

상대의 다리를 바깥쪽에서 걸어 메치는 기술. 도해에서 소개하는 기술 이외에도 뒤에서 걸거나, 서로 정면으로 마주하며 상대의 다리를 바깥쪽에서 거는 등의 여러 가지 용법이 있다.

〔W-86(BH15-4)〕

도해

1

〔W2-2-11-A〕
상대의 목을 두 손으로 부둥켜안는 목씨름 자세로 끌고 간다.

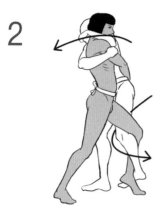

2

〔W2-2-11-B〕
순간적으로 상대의 몸을 흔들며 밀어붙여 상대의 왼쪽 옆에 붙는다. 왼팔로 상대의 목을 끌어안고 오른손으로 왼팔을 붙잡는 동시에, 왼 다리를 밖에서 안으로 상대의 왼 다리에 감는다.

3

〔W2-2-11-C〕
상대의 상체를 오른쪽 앞으로 비틀며 왼발을 쳐올린다.

베리에이션

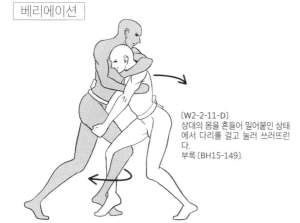

(W2-2-11-D)
상대의 몸을 흔들어 밀어붙인 상태에서 다리를 걸고 눌러 쓰러뜨린다.
부록 (BH15-149).

(W-87(BH15-196))

카운터 1

(W2-2-11-E)
뒤에서 당했을 때의 카운터로, 허리를 낮춰 메치지 못하도록 막으며 상대의 오른팔을 두 손으로 붙잡고 오른쪽 앞으로 메친다.

(W-88(BH15-48))

카운터 2

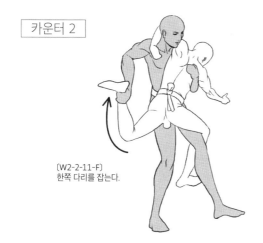

(W2-2-11-F)
한쪽 다리를 잡는다.

(W-89(BH29-1))

모로누우며메치기

Side-fall throw

시대 : 이집트.
부록 :

상대가 어깨메치기나 레그 테이크다운,
태클을 걸어왔을 때 자신도 함께 누우면서
뒤로 메치는 기술.

〔W-90(BH15-21)〕

도해

1

〔W2-2-12-A〕
상대가 자신의 다리를 끌어안으면 허리를
낮춰 버티는 동시에, 다리를 잡은 팔과 반
대쪽 팔을 두 팔로 부둥켜안고 양손을 맞
잡는다.

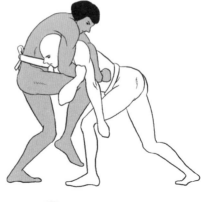

2

〔W2-2-12-B〕
그대로 뒤로 누우며, 맞잡은 팔로 상대를
끌어당겨 다리 너머로 메친다.

100

레슬링 메치기 13

인사이드 레그훅과 반격기
Inside leg-hook and the counter

시대 : 이집트.

부록 :

상대의 한쪽 다리를 안에서 걸고 그 다리와는 반대편으로 메치는 기술.

도해

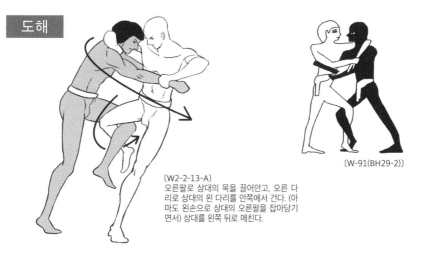

(W-91(BH29-2))

(W2-2-13-A)
오른팔로 상대의 목을 끌어안고, 오른 다리로 상대의 왼 다리를 안쪽에서 건다. (아마도 왼손으로 상대의 오른팔을 잡아당기면서) 상대를 왼쪽 뒤로 메친다.

카운터

(W2-2-13-B)
무게중심을 앞에 실으며 걸린 왼 다리를 땅에 딛고, 오른 다리로 상대의 왼발을 걸면서 앞으로 밀어 넘어뜨린다.

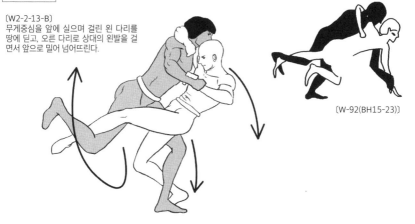

(W-92(BH15-23))

레슬링 메치기 14

더블레그 테이크다운
Double-leg takedown

시대 :	이집트, 그리스.
부록 :	

상대의 양다리를 끌어안고 뒤로 밀어 쓰러뜨리는 기술로, 유도의 다리잡아메치기에 해당한다.

〔W-93:BH15-159〕

〔W-94:BH2C-18〕

도해

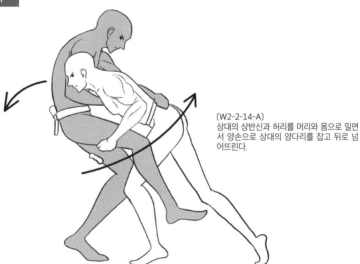

〔W2-2-14-A〕
상대의 상반신과 허리를 머리와 몸으로 밀면서 양손으로 상대의 양다리를 잡고 뒤로 넘어뜨린다.

베리에이션 1

〔W-95(BH17-48)〕

〔W2-2-14-B〕
뒤에서 한 팔로 상대의 양 넓적다리를 끌어안고
반대쪽 손으로 양다리를 잡아챈다.

베리에이션 2

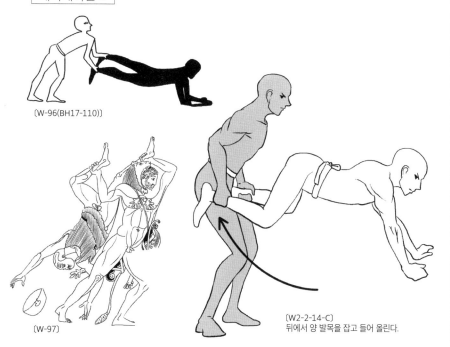

〔W-96(BH17-110)〕

〔W-97〕

〔W2-2-14-C〕
뒤에서 양 발목을 잡고 들어 올린다.

카운터 1

〔W2-2-14-D〕
상대를 덮쳐 누르며
양다리를 잡는다.
부록〔BH15-141〕.

〔W-98(BH15-37)〕

카운터 2

〔W-99(BH15-39)〕

〔W2-2-14-E〕
상대가 위에 있을 때 허리를 낮춰 뒤로 메친다.
바로 위에서 소개한 카운터 기술의 카운터.
부록〔BH15-57〕.

카운터 3

〔W2-2-14-F〕
상대를 덮쳐 누르며
양팔로 허리를 끌어안고
들어 올린다.

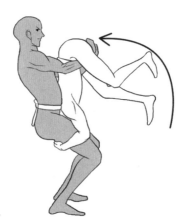

〔W-100(BH15-38)〕

카운터 4

〔W-101(BH15-102)〕

〔W2-2-14-G〕
상대의 발목을 잡고 들어 올린다.
부록 〔BH15-29〕〔BH17-49, 53〕.

카운터 5

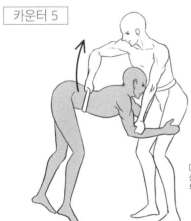

〔W-102(BH15-119)〕

〔W2-2-14-H〕
상대의 허리띠 또는 허리를 잡고 들어 올린다.
부록 〔BH15-153〕〔BH2B-19〕.

카운터 6

〔W-103(BH2C-13)〕

〔W2-2-14-I〕
상대의 다리를 잡는다.
부록 〔BH2B : 13〕.

싱글레그 훅 & 테이크다운
Single-leg hook & takedown

시대 : 이집트.

부록 : 〔BH15-14〕〔BH2B-8〕

상대의 한쪽 다리를 끌어안고 나머지 다리를 걸어 쓰러 뜨리는 복합기.

〔W-104(BH15-49)〕

도해

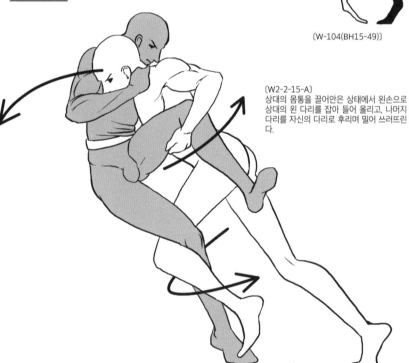

〔W2-2-15-A〕
상대의 몸통을 끌어안은 상태에서 왼손으로 상대의 왼 다리를 잡아 들어 올리고, 나머지 다리를 자신의 다리로 후리며 밀어 쓰러뜨린다.

베리에이션 1

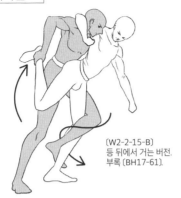

(W-105(BH15-95))

(W2-2-15-B)
등 뒤에서 거는 버전.
부록 (BH17-61).

베리에이션 2

(W-106(BH15-135))

(W2-2-15-C)
위 (W2-2-15-B)의 다른 버전으로, 등 뒤에서
기술을 걸면서 왼팔로 상대의 오른팔에 하프넬
슨을 걸고 상대의 목을 내리눌러 쓰러뜨린다.

베리에이션 3

(W-107(BH15-107))

(W2-2-15-D)
맞붙은 상태에서 상대 뒤로 돌아 들어간 다
음 왼손으로 상대의 오른 다리를 잡아 끌어
올리고, 그 후 오른 다리를 상대의 왼 다리
에 안에서 밖으로 감는 상당히 복잡한 기술.

리버스 싱글레그 테이크다운
Reversed single-leg takedown

시대 : 이집트.

부록 : 〔BH15-60,203〕 〔BH2C-15〕

뒤로 돌아간 상대의 한쪽 다리를 자신의 두 다리 사이로 손을 뻗어서 잡고, 앞으로 끌어내 상대를 넘어뜨리는 기술로서 중세 유럽에도 동일한 기술이 존재한다. 베니하산의 벽화에서는 후방 인사이드 레그훅이나 엎드린 상태에서의 반격기로 사용되고 있다.

〔W-108(BH2B-14)〕

도해

〔W2-2-16-A〕

스플릿 더블레그 테이크다운
Split double-leg takedown

시대 : 이집트.

부록 : 〔BH2C-1,5〕

상대의 양다리를 앞뒤로 벌려 잡고 들어 올리는 기술. 뒤에서 거는 경우도 있다. 여기에
서는 어깨메치기에 대한 카운터로서의 기술을 도해한다.

도해

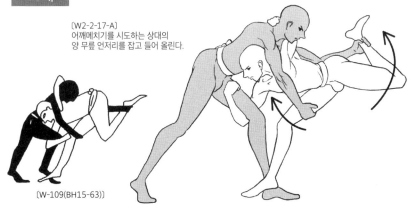

〔W2-2-17-A〕
어깨메치기를 시도하는 상대의
양 무릎 언저리를 잡고 들어 올린다.

〔W-109(BH15-63)〕

카운터

〔W-110(BH15-85)〕

〔W2-2-17-B〕
상대를 덮쳐 누르며 왼손으로 상대의 팔을 잡고,
오른손은 위에서 상대의 오른 다리를 잡아 움직
임을 봉쇄한다.

백플립
Back-flip

시대 : 이집트.

부록 :

더블레그 테이크다운이나 태클이 막혔을 때,
또는 위를 잡혔을 때의 반격기.

〔W-111(BH15-82)〕

도해

1

〔W2-2-18-A〕
양다리를 잡으려 했으나 상대가 위에서 덮쳐와 막힌다.

2

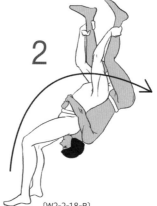

〔W2-2-18-B〕
점프 등을 통해 양발을 앞으로 이동시킨 다음, 일어서면서 몸을 젖혀 자신의 몸과 함께 뒤로 메친다.

 카운터

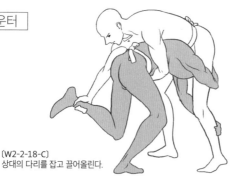

〔W2-2-18-C〕
상대의 다리를 잡고 끌어올린다.

〔W-112(BH15-140)〕

레슬링 메치기 19

레그훅 싱글레그 테이크 리프트업
Leg-hook with single-leg takedown

시대 : 이집트.

부록 :

매우 복잡한 기술로서 상대의 허리치기 등에
대항하는 기술이라 추측된다.

〔W-113(BH15-115)〕

도해

1

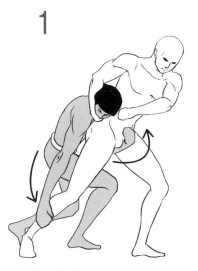

〔W2-2-19-A〕
상대의 허리치기 또는 헤드록에 저항하며 몸을
낮추고, 오른손으로 상대의 오른 발목을 잡는 동
시에 왼팔을 상대의 고간에 건다.

2

〔W2-2-19-B〕
양팔로 상대의 몸을 들어 올리며, 왼발로 상대의
왼 다리를 걸고 차올린다.

배대뒤치기
Stomach throw

시대 : 이집트, 메소포타미아, 이탈리아 · 캄파니아 지방, 로마.

부록 :

뒤로 넘어지면서 끌어들인 상대의 복부에 발을 대고 차내 후방으로 넘겨버리는 기술. 그리스의 스탠딩 레슬링에서는 이 기술을 사용하면 규칙상 패배하기 때문에 사용되지 않았다. 이집트 벽화에서는 팔과 허리를 끌어당기며 양발을 상대의 다리 사이에 찔러 넣고 메치는 듯 보이지만, 만약 그렇다면 등 쪽으로 빠져나와야 할 발끝이 묘사되어 있지 않은 점에서 미루어 아마도 작자의 실수라 여겨진다.

〔W-114(BH15-146)〕

도해

〔W2-2-20-A〕
상대를 끌어당기며 넘어지는 동시에 양발로 상대의 배를 차올려 뒤로 메친다.

싱글레그 테이크다운 & 풋스윕
Single-leg takedown with foot-sweep

시대 : 이집트.

부록 :

상대의 한쪽 다리를 들어 올린 다음, 까치발 상태가 된 축이 되는 다리를 후려쳐 넘어뜨리는 기술.

(W-115(BH15-163))

(W-116(BH15-164))

도해

1

(W2-2-21-A)
상대의 다리를 두 손으로 잡고 끌어올린다.

2

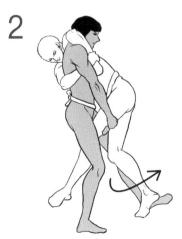

(W2-2-21-B)
나머지 다리가 까치발이 되면 빠르게 후려친다.

시저스 스로
Scissors throw

시대 : 이집트.

부록 :

상대의 몸을 두 다리 사이에 끼우고 넘어뜨리는 기술로, 소위 가위치기의 일종. 어쩌면 메치기를 실패했을 때 사용하던 기술인지도 모른다. 벽화에서는 자신의 다리를 자신이 잡고 있는데, 그 의미는 불명이다.

〔W-117(BH15-178)〕

도해

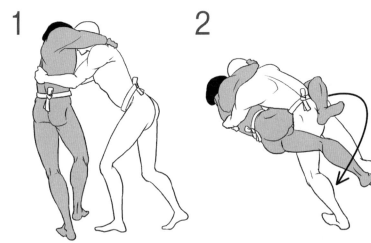

〔W2-2-22-A〕
목씨름 상태(적어도 오른팔을 상대의 목에 걸친 상태)에서 하반신을 상대 왼쪽에 옆을 향하거나 등을 돌린 자세로 이동시킨다. 혹은 업어치기 등으로 상대를 메치려다 실패한다.

〔W2-2-22-B〕
상대의 목을 단단히 부둥켜안고 달려들면서 두 다리 사이에 상대의 몸통을 끼워 넣는다. 그대로 뒤로 비틀어 넘어뜨린다.

더블 레그 훅 스로
Double-leg hook throw

시대 :	이집트.
부록 :	

상대의 양다리를 한 번에 후리는 기술로, 상대의 두 다리
가 모여 있을 때를 노려 메친다.

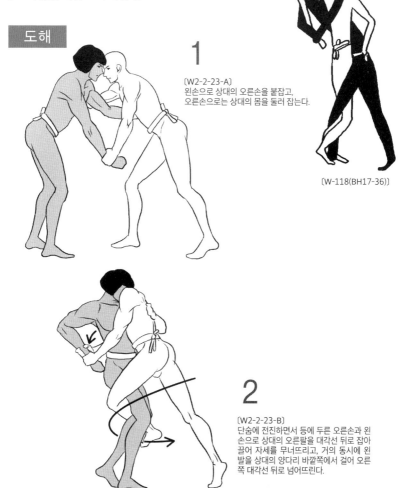

도해

1

〔W2-2-23-A〕
왼손으로 상대의 오른손을 붙잡고,
오른손으로는 상대의 몸을 둘러 잡는다.

〔W-118(BH17-36)〕

2

〔W2-2-23-B〕
단숨에 전진하면서 등에 두른 오른손과 왼
손으로 상대의 오른팔을 대각선 뒤로 잡아
끌어 자세를 무너뜨리고, 거의 동시에 왼
발을 상대의 양다리 바깥쪽에서 걸어 오른
쪽 대각선 뒤로 넘어뜨린다.

변형 업어치기식 레그테이크 스로
Reversed leg-take throw

시대 : 이집트.

부록 :

상대의 왼손을 오른손으로 잡은 채 시계 방향으로 회전
하면서 상대에게 등을 돌려 품 안에 들어간 다음, 왼손으로
상대의 오른 다리를 붙잡아 왼쪽으로 메치는 기술.

〔W-119(BH2B-16)〕

도해

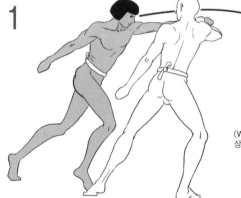

1

〔W2-2-24-A〕
상대의 왼손을 잡고 세게 당긴다.

2

〔W2-2-24-B〕
시계 방향으로 회전하면서 품속에 파고들어
왼손으로 상대의 오른 다리를 붙잡고 들어
올린다. 그대로 오른손으로 상대를 끌어당겨
왼쪽으로 쓰러뜨린다.

레슬링 메치기 25

스탠딩 크레이들 홀드
Standing cradle hold

시대 : 이집트.

부록 : 〔BH17-106〕

캐치 애즈 캐치 캔 레슬링에도 등장하는 기술로서, 상대의 목과 다리를 끌어안고 들어 올린다. 등 뒤에서거는 경우도 있다. 상대가 넘어진 상태에서 걸면 누르기가 된다.

〔W-120(BH15-79)〕　　　　〔W-121(BH15-80)〕

도해

〔W2-2-25-A〕
뒤에서 상대의 목을 끌어안으며 상대의 다리를 팔꿈치에 걸어 들어 올린다. 양손을 가까이 붙여 상대의 움직임을 봉한다.

인사이드 레그훅 스로
Inside leg-hook throw

시대 : 이집트.

부록 :

상대를 메치며 오른발을 상대의 오른 무릎 뒤에 걸고 끌어당겨 넘어뜨리는 기술. 좌우 양쪽 버전이 있는데 여기에서 소개하는 것은 다소 난해한 왼쪽 방향으로 메치기로서, 어쩌면 메치기가 실패했을 때의 재공격용 기술인지도 모른다.

(W-122(BH2B-9))

(W-123(BH2B-17))

도해

(W2-2-27-A)
상대의 왼 손목을 왼손으로 붙잡고 몸을 회전시켜 등을 돌린 다음, 상대의 등을 내리눌러 상대의 몸이 자신의 허리에 실리도록 하고 오른 다리로 오른 무릎을 걸어 넘어뜨린다.

기타
Aaaaaaaa

시대 : 이집트.

부록 : 〔BH15-22, 61, 73, 89, 94, 97, 104, 130, 132, 137, 148, 151, 168, 174, 180, 182, 195〕
〔BH17-16, 33, 51, 84〕〔BH2B-11, 15〕〔BH2C-2, 4, 17, 20〕〔BH29-5〕〔AB-2〕〔MR-2〕

단편적이거나 전후 관계가 불분명, 또는 저자의 지식이 부족하여 자세히 알 수 없는 기술을 포함한다. 부록을 참조하기 바란다.

스포츠 선수와 '실용성'

개설에서도 가볍게 언급하였지만 당시 스포츠란 우수한 전사를 양성하기 위한 신체 단련 수법으로서, 스포츠 경기 자체의 승리를 목표로 전문 훈련에 매진하는 것은 바람직한 스포츠의 모습이 아니라고 보았다. 그러한 관점은 스포츠로 상대를 이김으로써 자신의 우수성을 증명한다는 사고방식과 모순되는데, 당시 지식인들은 이 양쪽 사고방식의 미묘한 균형 유지를 중요하게 여겼다.

그 같은 사고방식은 '실용성'이라는 단어로 수렴된다. 즉 우수한 병사가 될 수 있는 건강한 육체를 만드는 연습 등이 '실용적'이며, 단순히 스포츠에서 이기기를 목적으로 하는 것은 '비실용적'이라고 간주하였다.

예를 들어 기원전 4세기의 플라톤은 스포츠 경기에서 승리하기 위한 특수한 연습과 식사법을 '실용적이지 않다'고 강하게 비판하였고, 율리우스 카이사르도 파르살루스 전투 전에 적인 폼페이우스군의 병사(그리스에서 징병한 병사가 많았다)를 가리켜 '운동장에서 긁어모은, 무기도 제대로 들 줄 모르는 레슬러'라고 평가한다. 같은 견해를 고대의 대의학자 갈레노스(4체액설을 주창하여 이후 1500년 동안 이어지는 유럽 의학의 기본을 마련한 의사)도 밝히고 있어, 스포츠에 지나치게 특화된 선수는 노동과 군역 모두에 적합하지 않은 쓸모없는 사람으로 취급받았음을 알 수 있다.

이들 비판 가운데 카이사르가 적군 병사를 '무기도 제대로 못 드는 레슬러'라고 단정한 데 주목해보자. 우리의 감각으로는 격투기가 전장에서 도움이 될 것 같지만 그의 견해는 정반대이다. 실은 비슷한 견해를 플라톤도 가지고 있었는데, 그는 스탠딩 레슬링 이외의 레슬링은 실용적이지 않다고 단언하였다. 또한 간접적이기는 하지만 스파르타에서는 복싱과 판크라티온이 실시되지 않았다는 사실도 이들 격투기를 전장에서 효과가 없는(그렇기는커녕 도리어 방해가 되는) 기술로 여기던 당시의 사고방식을 짐작하게 한다.

스탠딩 헤드록/초크
Standing head-lock/choking

시대 : 이집트, 그리스, 로마.

부록 : (BH15-67,84) (BH17-17,35,67,95,99) (BH2C-3) (G6)

상대의 머리 또는 목에 팔을 감아 조르는 기술. 앞에서 조르거나 상대의 측면에 서서 조르는 등 여러 가지 방법이 있다. 머리와 목뼈에 대미지를 주는 헤드록과 질식을 목적으로 하는 초크는 상당한 차이가 있지만, 이 시대의 회화 양식에서는 양자의 구별이 어렵기 때문에 하나로 묶었다. 프런트초크는 레그 테이크다운에 대한 카운터 기술로서 시대와 장소를 불문하고 사용되고 있다.

초크 기술은 이집트 베니하산 무덤(기원전 21세기)에도 몇 가지 묘사되어 있으나, 후의 메디네트 하부 시대(기원전 12세기 전반)에는 반칙기가 된다.

서기 2세기 옥시링쿠스 파피루스 세 번째 기술(메치기. 상대의 다리를 후려친다. 상대 옆에 서서 오른손으로 헤드록을 건다)의 마지막 동작. 본래는 메치기로 소개되었지만, 던지는 방법이 지나치게 막연하여 여기에 수록하였다.

서기 3세기에 에메사의 헬리오도로스가 쓴 『에티오피아 이야기』에서는 지면에 손을 짚고 무릎 꿇은 상대 위에 올라타 헤드록으로 머리를 조른 채 잡아당기며 상대의 몸을 지면에 짓누르는 장면이 등장한다.

도해와 같이 머리와 목뿐만 아니라 상대의 팔을 동시에 끌어안기도 하는데, 이 경우는 넥 챈서리라 부른다. 상대를 항복시킬 필요가 있는 그리스와 로마의 그라운드 레슬링 및 판크라티온에서는 전형적인 피니시 홀드였으리라 생각된다.

(W-148)

도해

[W2-3-1-A]
상대의 목을 오른쪽 겨드랑이에 끼운다. 그대로 오른팔을 상대의 왼쪽 겨드랑이 아래로 통과시켜 등에 두른 뒤 상대의 허리띠를 잡은 왼팔을 붙잡고 조른다.

[W-124(BH15-81)]

카운터 1

[W2-3-1-B]
상대의 다리를 잡는다. 벽화에서는 왼팔로 상대의 얼굴을 밀어젖히며 다리를 잡고 있다.

[W-125(BH15-109)]

카운터 2

[W2-3-1-C]
상대의 다리를 걸면서 상대의 다리 사이로 왼손을 뻗어 반대쪽 다리를 잡고 당겨 넘어뜨린다.

[W-126(BH15-121)]

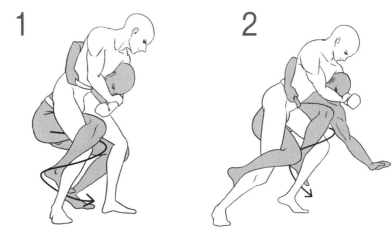

〔W2-3-1-D1, D2〕
후방 초크에 대항하여 상대의 두 다리에 자신의 다리를 감아 앞으로 넘어뜨린다. 원본 벽화는 알아보기 어렵지만 아마도 오른 다리를 상대 뒤에서 두 다리 사이로 뻗어 감고, 왼 다리는 바깥쪽에서 감고 있는 듯하다.

〔W-127(BH15-59)〕

레슬링 누르기/관절기 2

백브레이커
Backbreaker

시대 : 메소포타미아, 이집트.

부록 : 〔BH17-29〕

이라크에서 출토한 도장에 묘사된 기술로서 상대를 짊어진 상태로 졸라 등뼈를 압박한다. 동명의 프로레슬링 기술처럼 들어 올리지 않고, 상대의 발을 지면에 댄 채 기술을 건다. 길가메시 서사시에서 길가메시가 야만인 엔키두를 쓰러뜨린 기술이라 추정되는데, 거기에서는 상대를 머리 위로 들어 올리고 있다.

〔W-128〕
길가메시와 엔키두의 싸움.
기원전 3000년경.

도해

〔W2-3-2-A〕
무릎을 꿇고 상대를 어깨에 걸쳐 등뼈를 압박한다. 여기에서는 메소포타미아의 도장을 바탕으로 하고 있으나, 이집트 벽화에서는 완전히 들어 올리고 있다.

손목 꺾기
Wrist lock

시대 : 이집트, 로마.

부록 :

상대의 손목을 꺾어 누르는 관절기로 손가락에서 손목으로 이어지는 근육을 압박한다.

도해

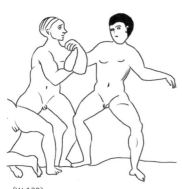

〔W-129〕
로마, 서기 3세기.

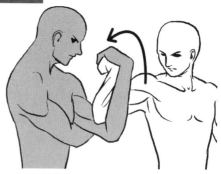

〔W2-3-3-A〕
상대의 손가락을 구부려 쥐고 손목을 꺾는다.

베리에이션

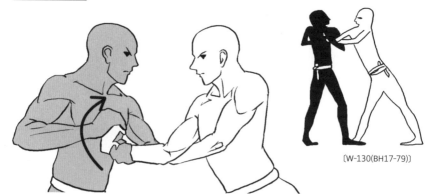

〔W2-3-3-B〕
상대의 양팔을 끌어안고 손목을 꺾어 누른다.

〔W-130(BH17-79)〕

레슬링 누르기/관절기 4

넬슨홀드
Nelson-hold

시대 : 이집트.

부록 :

뒤팔끝어안아잡기의 일종으로, 뒤에서 상대의 양 겨드랑이 아래로 팔을 집어넣어 목 위에서 손을 맞잡은 다음, 양손으로 목을 내리눌러 목뼈를 압박하는 기술. 이렇게 양팔로 거는 풀넬슨과 한 팔만으로 거는 하프넬슨 등 다양한 베리에이션이 있다. 이집트에서는 상대의 다리를 자신의 다리로 감아 움직임을 봉쇄하고 거는 경우가 많았다.

도해1

〔W2-3-4-A〕
풀넬슨을 건 뒤 상대의 두 다리를 감아 움직임을 봉쇄하고 앞으로 넘어뜨려 누른다.

〔W-131(BH15-78)〕

도해2

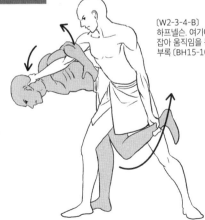

〔W2-3-4-B〕
하프넬슨. 여기에서는 상대의 다리를 잡아 움직임을 봉하고 있다.
부록 〔BH15-106〕.

〔W-132(BH2A-1)〕

암바
Armbar

시대 : 이집트, 로마.

부록 : 〔BH17-14〕

똑바로 뻗은 팔의 팔꿈치에 역방향으로 힘을 가해 관절을 꺾는 기술.

〔W-133(BH15-127)〕

〔W-134(BH15-173)〕

도해

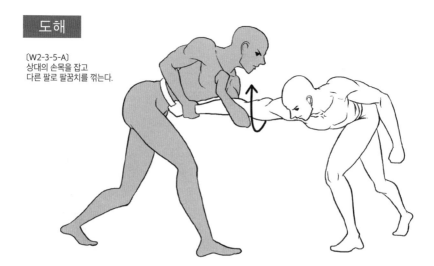

〔W2-3-5-A〕
상대의 손목을 잡고
다른 팔로 팔꿈치를 꺾는다.

레슬링 누르기/관절기 6

복합식 거꾸로 굳히기
Compounded upside-down hold

시대 : 이집트.

부록 :

거꾸로 된 만자(卍字) 굳히기와 비슷한 기술. 아마도 굳히기이겠지만 대체 어떻게 여기까지 복잡하게 꺾는지 자세히는 알 수 없다.

〔W-135(BH15-188)〕

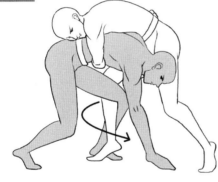

1

〔W2-3-6-A〕
상대 위에서 덮쳐
오른 다리를 상대의 왼 다리에 감는다.

2

〔W2-3-6-B〕
물구나무서듯 앞으로 기울이며 그 기세로 상대의 왼 다리를 들어 올린다. 오른손으로 몸을 지탱하거나 상대의 오른 발목을 잡으면서 왼 다리를 상대의 목에 감는다. 왼손으로는 상대의 왼 다리를 잡는다.

트위스트 앵클홀드
Twister   ankle-hold

시대 : 이집트.

부록 : 〔KR-2-2〕〔EG-1 일러스트 4〕

걸레를 짜듯 상대의 몸을 비트는 기술.

〔W-136(BH15-193)〕

도해

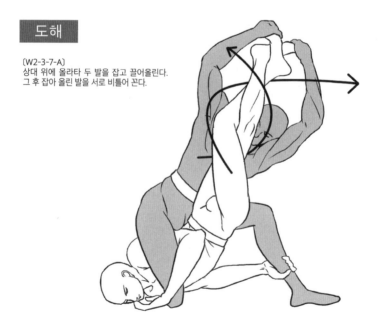

〔W2-3-7-A〕
상대 위에 올라타 두 발을 잡고 끌어올린다.
그 후 잡아 올린 발을 서로 비틀어 꼰다.

팔 당기기 & 목 내리누르기
Arm-pull with neck push-down

시대 : 이집트.

부록 :

상대 뒤로 돌아가 붙잡은 왼팔을 오른쪽
으로 당기는 동시에 왼손으로 상대의 목을
내리누르는 기술.

도해

(W2-3-8-A)

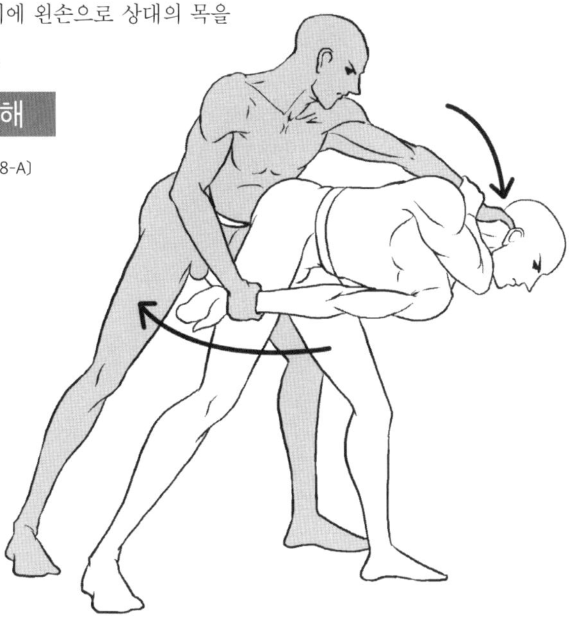

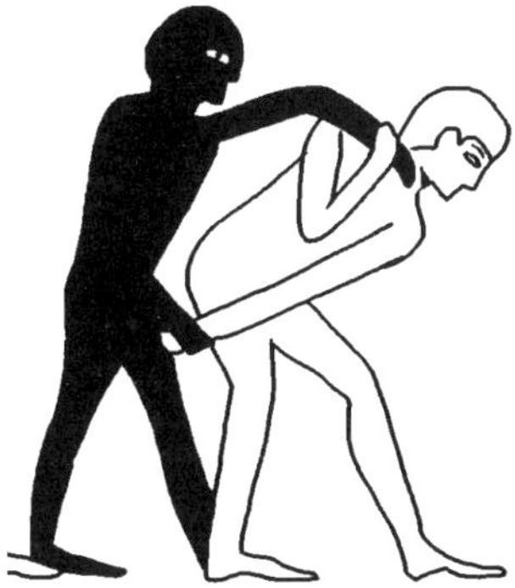

(W-137(BH15-201))

레그초크
Leg-choke

시대 : 이집트, 로마.

부록 :

상대의 목과 어깨에 자신의 다리를 걸고 조르는 기술.

도해1

〔W-138(BH15-98)〕

〔W2-3-9-A〕
기본형 1 :
한쪽 다리로 조른다.

도해2

〔W-139(BH17-41)〕

〔W2-3-9-B〕 기본형 2 : 양다리로 조른다.

베리에이션 1

〔W-140(BH15-197)〕

〔W2-3-9-C〕
백이 상대의 목에 건 오른 다리와 왼팔로 상
대의 목을 끼워 조르고 있다.

베리에이션 2

〔W-141(BH15-205)〕

〔W2-3-9-D〕
거꾸로 들어 올리는 보디슬램에 대한
반격기이기도 한데, 한쪽 다리를 상
대의 목에 걸고 끌어 넘어뜨리며 목
을 조른다.

새우꺾기

Single-leg boston crab

시대 : 메소포타미아, 이집트, 로마.

부록 : 〔BH17-31,57,114〕〔M1〕〔G14〕

엎드린 상대의 등에 올라타 상대의 다리를 잡고 뒤로 젖히는 기술. 동명의 프로레슬링 기술과는 달리 한쪽 다리만을 잡는 경우가 대부분이다.

도해

〔W2-3-10-A〕
엎드린 상대의 등에 올라타 한쪽 다리를 잡고 들어 올린다. 이 그림처럼 목을 누르기도 한다.

〔W-142(BH29-6)〕

베리에이션

〔W2-3-10-B〕
상대 위에 올라타지는 않은 채, 엎드린 상대의 한쪽 다리를 잡고 다른 손으로 목을 누른다.

〔W-143(BH17-78)〕

〔W-144〕
로마 시대의 모자이크.
상대 위에 올라타지 않고 거는 기술.

132

앵클홀드
Ankle hold

시대 : 이집트.

부록 :

상대의 발목을 꺾는 관절기.

도해

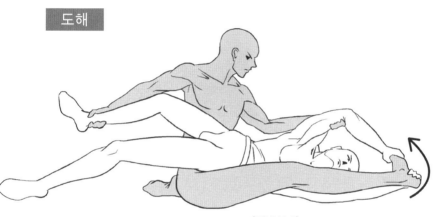

[W2-3-11-A]
상대(흑)에 의해 넘어진 상태에서
상대의 발목을 잡고 비틀어 꺾는다.

[W-145(BH17-102)]

가랑이 찢기
Split

시대 : 이집트.

부록 :

똑바로 누운 상대의 한쪽 다리를 잡고 고관절을 꺾는 기술로, 중세 유럽에도 같은 기술이 존재하였다.

도해

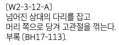

〔W2-3-12-A〕
넘어진 상대의 다리를 잡고
머리 쪽으로 당겨 고관절을 꺾는다.
부록 〔BH17-113〕.

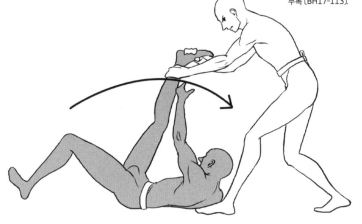

〔W-146(BH17-109)〕

레슬링 누르기/관절기 13

스트레이트 숄더록
Straight shoulder-lock

시대 : 이집트.

부록 :

상대가 이쪽의 목을 끌어안으러 올 때 자신의 팔을 밑에서 위로 상대의 어깨 또는 등, 목에 두르고 회전시키며 눌러 어깨를 꺾는 기술. 중세 유럽의 레슬링에도 같은 기술이 존재한다. 여기에서는 상대의 싱글레그 테이크다운에 대한 반격기로서 등장하고 있다.

〔W-147(MH-2)〕

도해

1
〔W2-3-13-A〕
상대의 왼쪽 겨드랑이 아래로 오른팔을 통과시켜 위로 뻗는다.

2
〔W2-3-13-B〕
반시계 방향으로 회전시키며 오른팔로 상대의 어깨를 눌러 꺾는다. 이때 상대의 목을 끌어안으면 넥 챈서리가 된다.

해석 불능
Indecipherable

시대: 이집트.

부록: 〔BH15-123,124〕〔BH17-52,62,91〕

누르기로 추정되지만 파손이나 저자의 지식 부족 탓에 해석할 수 없는 기술을 소개한다. 부록을 참조하기 바란다.

운동장과 철학자

리세, 아카데미, 시니컬. 이들 친숙한 단어는 모두 고대 아테네 시의 레슬링장에 어원을 두고 있으며, 학문에 관계되었다는 공통점이 있다.

리세는 프랑스 등지의 고등학교에 해당하는 학교로서, 기원전 6세기 건설된 리케이온 운동장이 그 어원이다. 아리스토텔레스가 이 운동장의 일부를 빌려 교실을 열었기 때문에 그 이름이 그대로 이어진 것이다.

아카데미는 아카데메이아 운동장이 어원으로, 플라톤이 운동장 이웃집을 빌려 교실을 연 데서 유래한다. 아카데메이아란 단어는 제정 로마 시대에 이미 교육기관이라는 의미로 사용되어, 로마에도 교육·연구 시설로서의 아카데메이아가 건설되었다.

시니컬은 키노사르게스(흰 개 또는 빠른 개라는 뜻) 운동장이 어원으로, 이곳에서 활동하던 철학파인 견유파(犬儒派)에서 유래하였다. 또한 이 운동장은 외국인과 아테네인 사이에서 태어난 혼혈아가 다니는 곳이라 하여 다른 운동장보다 격이 떨어진다는 취급을 받았다.

소크라테스는 특정한 교실을 갖지는 않았지만 역시 레슬링장을 배회하며 격론을 주고받았다. 그리고 플라톤의『리시스』에도 레슬링장에서 '토론하고 있다'는 대사가 등장한다.

이처럼 레슬링장(운동장)이 학문과 밀접하게 연관되어 있던 것은 당시의 운동장이 함께 회합하는 사교장으로서의 의미를 가지고 있었기 때문이다. 그곳은 시청사 같은 딱딱한 분위기도 없어 모두가 편안하게 글자 그대로 알몸의 교류를 할 수 있는 장소였다. 고대 로마의 욕장, 에도(江戸) 시대의 이발소와 공중목욕탕, 근대로 치면 영국의 클럽과 퍼브, 일본의 선술집 등을 연상해보자. 운동하며 한바탕 땀을 흘린 후 마사지로 개운하게 몸을 풀고 느긋하게 토론을 벌이는 것이 당시 학문의 모습이었다.

제 5 장
판크라티온

판크라티온 개설

판크라티온(Pankration=Pan : 모두 + Kratos : 힘, 권력, 능력)은 본래 판마콘 또는 판마키온(Panmachon, Panmachion=Pan + Machē : 싸움, 전투)이라 불렸다. 이름 그대로 온갖 기술과 수단을 이용하여 상대와 싸우는 경기로서, 타격기와 메치기, 관절기와 조르기를 포함하는 종합 격투기라 할 만한 것이었다.

서기 2세기의 파우사니아스에 따르면 당시 그리스에서 가장 인기 있던 격투기로, 올림픽에서 판크라티온과 복싱 이관왕을 차지하는 것은 최고의 명예로 여겨졌다고 한다(또한 두 경기는 같은 날 실시되었다).

편한 스포츠였다?

종합 격투기라고 하니 가장 위험하고 격렬할 것이라 생각하기 쉽지만, 실제로는 복싱보다도 안전하고 편한 경기로 간주되었다. 파우사니아스는 복싱과 판크라티온 양쪽에 출장하는 선수가 판크라티온 시합을 먼저 치르고, 여력을 남겨 복싱을 할 수 있도록 시합 순서 변경을 탄원했다는 기록을 남기고 있다. 또한 올림픽 대회에서 판크라티온은 소년부가 있었음에도 불구하고, 5종 경기 소년부는 단 1회 만에 폐지되었다는 점을 통해서도 판크라티온이 5종 경기보다 안전한(또는 편한) 경기로 간주되었다는 추측이 가능하다.

판크라티온의 규칙

시합은 스탠딩 레슬링이나 복싱과 같은 모래밭에서 이루어졌다. 자세한 규칙은 거의 알 수 없으나 복싱과 마찬가지로 라운드나 판정이 없어, 승부는 상대가 전투 불능이 되거나 항복할 때까지 계속된 것으로 보인다.

손가락으로 후비기(흔히 눈 찌르기로 번역되지만 실제로는 눈과 코, 입과 급소 등 부드러운 부분을 손가락으로 후비는 것)와 깨물기는 금지된 반면 급소 공격은 허용되었다. 게다가 스파르타에서는 이들 반칙 행위마저 허용되었다고 한다. 다만 이에 관한 기술은 서기 3세기의 필로스트라토스가 남긴 증언에만 의존하고 있기 때문에, 실제로는 더욱 세세한 규칙이 설정되어 있었으리라 여겨진다. 또한 스파르타에서 판크라티온이 실시되었다는 증거는 없으므로, 역시 전장에서의 효용은 없는 것으로 간주되지 않았나 생각된다.

다양한 로컬룰이 존재했다고 알려져 있으나 그 대부분은 산실되었다. 유일하게 남아 있는 것은 소아시아 남부 피시디아 지방의 도시 파실레르의 비문으로, 레슬링 기술을 사용하지 않고 타격기로만 싸우는 킥복싱이나 가라테(空手)에 가까운 규칙이 기록되어 있다.

기본적으로 맨손으로 싸웠지만, 몇몇 항아리 그림에서는 히만테스를 감고 있는 예도 간간이 나타나는 것으로 보아 히만테스를 감는 로컬룰이 존재했다고 추측된다. 그러나 로마 시대 들어서도 복싱처럼 흉악한 카이스투스를 착용하지는 않았다.

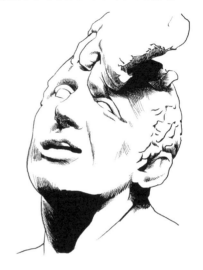

〔P-1-1〕 눈 후비기. 로마 시대.

자세
Guard

시대 : 그리스.

부록 :

판크라티온을 묘사한 그림은 레슬링과 거의 분간이 가지 않기 때문에, 이것이 판크라티온 자세라고 단정할 만한 항아리 그림은 아직 발견되지 않았다. 복싱과 같이 펼친 왼손을 앞으로 내밀고, 발차기를 할 수 있도록 오른 다리에 무게중심을 둔 자세를 취했으리라 추측된다.

도해

〔P2-1-1-A〕
레슬링 파트에서 소개한
'상단자세'와 거의 같은 자세로,
양자가 동일하다.

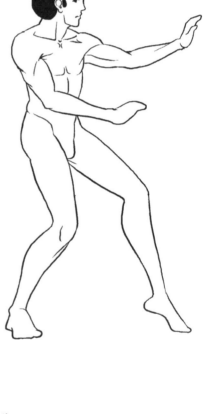

〔P-1〕

판크라티온 타격기 1

앞차기
Front kick

시대 : 메소포타미아, 그리스, 로마.

부록 :

기록되어 있는 거의 유일한 차기 기술로, 몸은 정면을 향한 채 앞으로 발을 차낸다. 로마 시대의 조각상을 보면 발앞바닥으로 차고 있다. 주로 배 또는 넓적다리, 무릎을 노렸던 것으로 보인다.

〔P-2〕
아랄루와 아누의 싸움.
메소포타미아의 도장.

〔P-3〕
시칠리아, 투스쿨룸 시의
모자이크. 로마 제정기.

도해

〔P2-2-1-A〕
다리를 들어 밀어내듯 찬다.

〔P-4〕
서기 1세기? 루브르 박물관 소장.

베리에이션

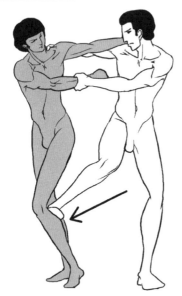

〔P2-2-1-B〕
뒤에서 상대의 무릎 뒤를 차서
넘어뜨린다.

〔P-5〕

카운터

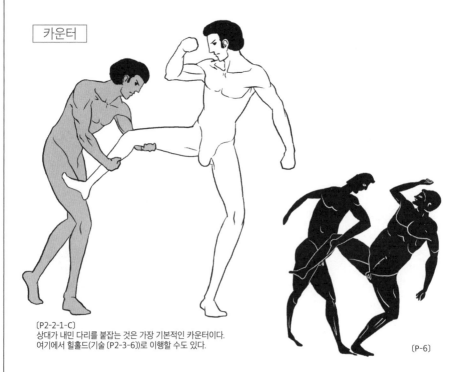

〔P2-2-1-C〕
상대가 내민 다리를 붙잡는 것은 가장 기본적인 카운터이다.
여기에서 힐홀드(기술 〔P2-3-6〕)로 이행할 수도 있다.

〔P-6〕

무릎차기
Knee-strike / knee-jamming

시대 : 그리스, 로마.

부록 :

　상대를 잡았거나 상대에게 잡혔을 때 무릎으로 복부를 공격하는 기술. 당시의 자료에서는 거의 항상 펀치와 동시에 사용하고 있다.

　대영 박물관의 파르테논 마블(기원전 447~431년)에서는 오른쪽 남성이 왼쪽 켄타우로스에게 무릎차기를 사용하거나, 켄타우로스의 앞차기를 무릎을 들어 막는 동시에 훅을 넣는 듯 보인다. 다만 두 사람의 다리가 서로 얽혀 있으므로 어쩌면 레그훅의 일종인지도 모른다.

　바티칸 미술관에 소장되어 있는 부조(서기 1세기)는 무릎차기임을 확실히 알 수 있는 예로서, 상대의 오른 손목을 붙잡고 오른손으로 어퍼컷을 내지르며 고간에 무릎을 차넣고 있다. 여담이지만 오른쪽 옆 복서의 카이스투스는 장비 부분에서 소개한 카이스투스와 동형으로, 당시에는 이 타입이 일반적으로 쓰였음을 나타내준다.

도해

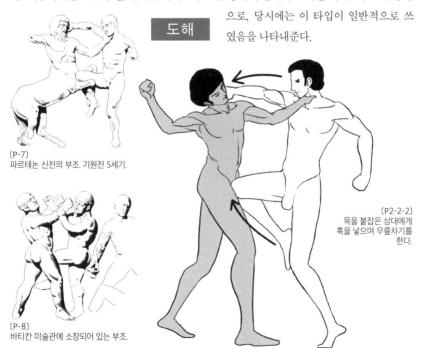

〔P-7〕
파르테논 신전의 부조. 기원전 5세기.

〔P-8〕
바티칸 미술관에 소장되어 있는 부조.

〔P2-2-2〕
목을 붙잡은 상대에게 훅을 넣으며 무릎차기를 한다.

팔꿈치치기
Elbow-strike

시대 : 그리스, 로마.

부록 :

상대를 팔꿈치로 가격하는 기술. 서기 3
세기의 『에티오피아 이야기』에서는 에티오
피아인 레슬러가 속임수로 이 기술을 사용
한다.

〔P-9〕
올림피아, 제우스 신전의 부조.
기원전 472~456년.

도해

1 〔P2-2-3-A〕
본래는 그라운드 기술로 사용하지만,
여기에서는 서 있는 상태로 소개한다.

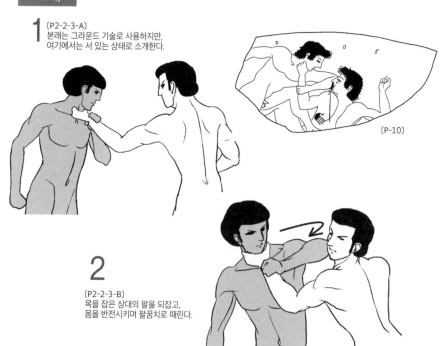

〔P-10〕

2

〔P2-2-3-B〕
목을 잡은 상대의 팔을 되잡고,
몸을 반전시키며 팔꿈치로 때린다.

144

판크라티온 타격기 4

팔 누르기 이후 펀치
Arm pull-down with strike

시대 : 그리스, 로마.

부록 :

대영 박물관에 소장된 청동상(서기 1세기)의 왼손에는
잘 보이지 않지만 상대의 주먹 일부가 남아 있어, 이를 통
해 단순한 펀치가 아니라 상대의 손을 누르며 한 발 내디더
펀치를 내지르는 순간을 묘사하였음을 알 수 있다. 또한 주
먹의 위치로 보아 아마도 이 선수의 자세는 흔히 볼 수 있
는 팔을 든 자세가 아닌, 오른손을 내린 자세였을 것이라고
추측된다.

〔P-11〕

도해

〔P2-2-4〕
상대의 손을 아래로 누른다.
동시에 오른 다리를 내디디며
어퍼컷을 날리듯 올려 친다.

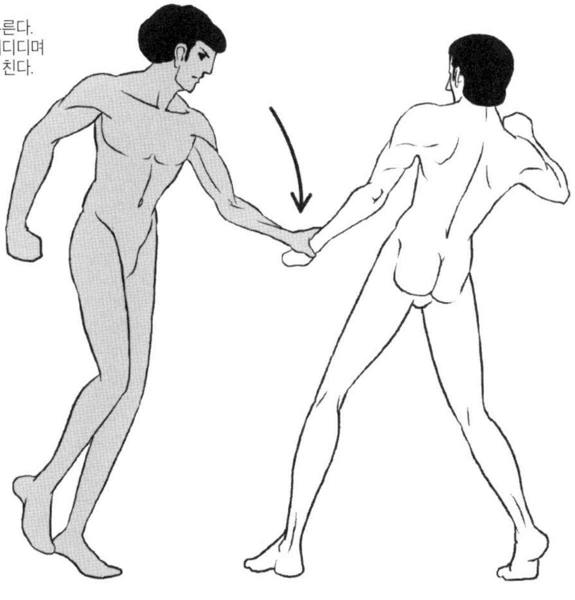

다리 잡기 이후 펀치

Leg-hold with strike

시대 : 그리스.

부록 :

상대의 다리를 잡고 뒤로 돌아 들어가
펀치를 넣는 기술.

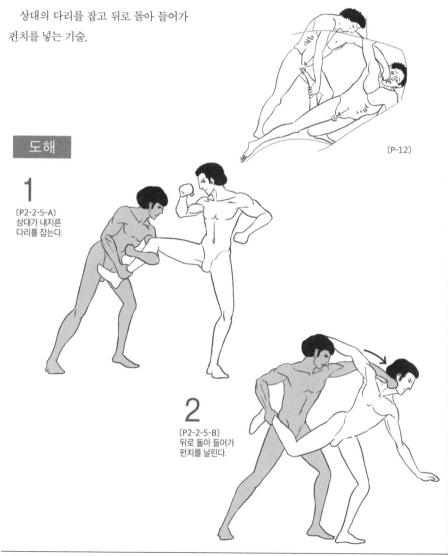

〔P-12〕

도해

1

〔P2-2-5-A〕
상대가 내지른
다리를 잡는다.

2

〔P2-2-5-B〕
뒤로 돌아 들어가
펀치를 날린다.

싱글핸드 넥 홀드
Single-hand neck hold

시대 : 그리스.

부록 :

상대의 목을 왼팔로 죄어 고정하고 오른손으로 때리는 기술. 조르기 자체는 중요하지 않다. 항아리 그림에서는 아래팔만으로 상대를 누르고 때리는 듯 보이지만 그래서는 쉽게 빠져나올 수 있기 때문에, 아마도 상대를 눌러 앞으로 숙이게 한 뒤 자신의 가슴 또는 몸통으로 상대의 머리를 억누르며 왼팔에 목을 끼워 넣었을 것이다.

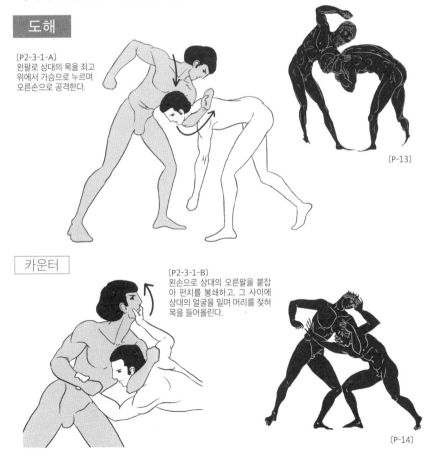

도해

〔P2-3-1-A〕
왼팔로 상대의 목을 죄고 위에서 가슴으로 누르며 오른손으로 공격한다.

〔P-13〕

카운터

〔P2-3-1-B〕
왼손으로 상대의 오른팔을 붙잡아 펀치를 봉쇄하고, 그 사이에 상대의 얼굴을 밀며 머리를 젖혀 목을 들어올린다.

〔P-14〕

누르기 이후 펀치
Hold with strike

시대 : 그리스, 로마.

부록 :

우피치 미술관에 있는 유명한 판크라티온 조각상은 상대를 누르고 막 펀치를 먹이려는 순간을 묘사하고 있다.

(P-15)

도해

[P2-3-2-A]
웅크린 상대에게 올라타 오른팔을 비틀며 뒤로 끌어올리는 동시에, 자신의 왼쪽 어깨로 상대의 오른쪽 어깨를 누른다. 그 후 왼손으로 상대의 오른 손목을 붙잡고 자유로워진 오른손으로 공격한다.

판크라티온 누르기/관절기/조르기 3

다리를 이용한 초크홀드와 어깨 관절기 이후 펀치
Strike with leg choke-hold & shoulder lock

시대 : 로마.

부록 :

튀니지의 서기 3세기 모자이크에 기록되어 있는 기술.

〔P-16〕

도해

〔P2-3-3-A〕
웅크린 상대의 등에 올라타 왼팔을
잡고 비틀어 올리며, 오른 다리를
상대의 목에 걸고 두 다리로 목과
오른팔을 조른다. 그 후 오른손으로
공격한다.

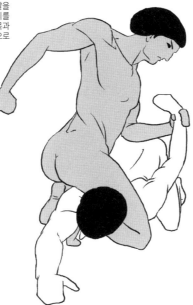

목 조르기 · 목 밀기
Stranglehold

시대 :	메소포타미아, 이집트, 그리스, 로마.
부록 :	

　레슬링에서도 사용되었다고 추측되나 그리스의 것은 기록이 없어 판크라티온 항목에 넣었다. 스모(相撲) 기술처럼 상대의 목이나 턱을 미는 방법이 일반적이지만, 상대의 질식을 노리는 기술도 있었을 것으로 여겨진다.

도해

(P-17(BH15-181))

[P2-3-4-A]
상대의 몸통을 끌어안고,
상대의 목을 엄지와 검지 사이로
눌러 민다. 부록 [AB-3].

베리에이션

[P2-3-4-B]
상대의 목을 눌러 제압하고
오른손으로 공격을 가한다.

(P-18)

판크라티온 누르기/관절기/조르기 5

숄더록
Shoulder-lock

시대 : 그리스, 로마.

부록 :

상대의 팔을 뒤로 회전시켜 어깨 관절을 꺾는다. 이집트의 베니하산 제15호 무덤에도 이 시작 자세와 완전히 똑같은 동작이 묘사되어 있으며, 경찰이 범인을 잡을 때도 이 기술이 사용되고 있다.

〔P-19〕
베니하산 제17호 무덤.

도해

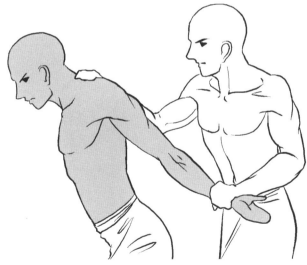

〔P2-3-5-A〕
상대 뒤로 돌아가
팔을 비틀어 올리는 동시에
어깨를 눌러 꺾는다.

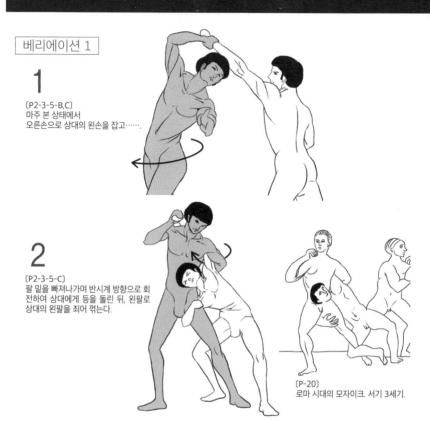

1

〔P2-3-5-B,C〕
마주 본 상태에서
오른손으로 상대의 왼손을 잡고…….

2

〔P2-3-5-C〕
팔 밑을 빠져나가며 반시계 방향으로 회
전하여 상대에게 등을 돌린 뒤, 왼팔로
상대의 왼팔을 죄어 꺾는다.

〔P-20〕
로마 시대의 모자이크. 서기 3세기.

베리에이션 2

〔P2-3-5-D〕
상대의 오른팔을 비틀어 올려 꺾는
동시에, 왼팔로 상대의 왼팔을 끌
어안고 목을 아래로 눌러 움직임을
봉한다.

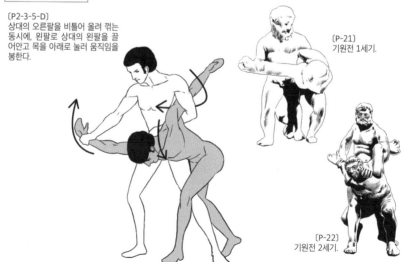

〔P-21〕
기원전 1세기.

〔P-22〕
기원전 2세기.

베리에이션 3

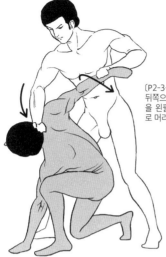

〔P2-3-5-E〕
뒤쪽으로 돌아가면서 상대의 오른팔
을 왼팔로 비틀어 올리고, 오른손으
로 머리를 눌러 움직임을 봉한다.

〔P-23〕
프톨레마이오스 왕조 시대
이집트의 소상. 기원전 4~1세기.

레그캐치 이후 힐홀드
Leg-catch and heel-hold

시대 : 그리스.

부록 :

유명한 항아리 그림을 바탕으로 추정한 기술. 상대의 발차기를 잡아서 막은 다음, 왼팔을 상대의 무릎 아래로 넣고 회전하며 비틀어 발뒤꿈치를 꺾는다.

도해

1 (P2-3-6-A)
상대가 내지른 발을 잡아서 막고, 왼팔을 무릎 아래로 뻗는다.

(P-24)

2 (P2-3-6-B)
몸을 반시계 방향으로 회전시키며, 왼팔로 상대의 무릎을 누르는 동시에 다리를 비틀어 넘어뜨린다.

3 (P2-3-6-C)
상대의 등에 올라타 발뒤꿈치를 꺾는다.

판크라티온 누르기/관절기/조르기 7

누르기와 초크
Choke-hold with pinning

시대 : 이집트, 그리스, 로마.

부록 :

서기 5세기의 『디오니시아카』 외에 갈레노스가 쓴 트레이닝법에도 등장하는 당시 일반적이던 누르기이다. 엎드려 누운 상대 위에 몸을 포개고 양팔로 초크홀드를 걸며, 양발을 상대의 허리 바깥쪽에서 몸 밑으로 밀어 넣는다. 그대로 발을 상대의 양 넓적다리 안쪽으로 뻗어, 상대의 양다리에 자신의 다리를 감은 자세로 움직임을 봉쇄하고 몸을 활처럼 젖혀 목을 조른다. 비슷한 기술로 상대의 몸에 다리를 감는 것도 있다.

이 기술에 대한 카운터는 기원전 546년 치러진 판크라티온 결승에서 아라키온이라는 선수가 사용한 기술로, 그는 목이 졸려 죽어가면서도 상대를 몰아넣어 항복을 받아냈다. 그래서 그는 올림픽에서도 드물게 죽어서 우승한 선수로서 회화 작품 등에 등장하였으며, 플루타르코스 등이 그 그림의 정경을 묘사하고 있다.

도해 1

〔P2-3-7-A〕
이집트식. 선 채로 기술을 건다.

〔P-25(BH15-187)〕

〔P2-3-7-B〕
그리스 · 로마식.

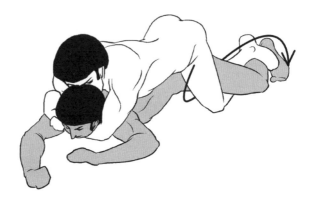

베리에이션 1

〔P2-3-7-C〕

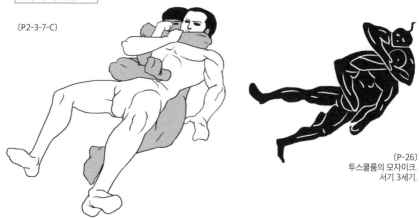

〔P-26〕
투스쿨룸의 모자이크.
서기 3세기.

베리에이션 2

〔P2-3-7-D〕

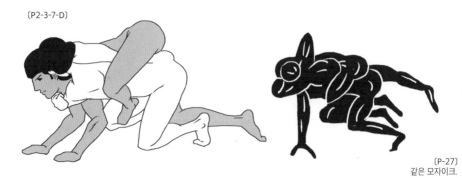

〔P-27〕
같은 모자이크.

카운터

〔P2-3-7-E〕
아라키온의 카운터 기술. 상대의 오른
다리를 흔들어 푼 뒤 양손과 오른발을
짚고 일어나(아마도 자신의 왼쪽 무릎
을 굽히며), 좌측면에 모든 체중을 싣
고 낙하함으로써 상대의 왼 발목을 풀
어낸다.

판크라티온 시합의 목격담

이집트의 알렉산드리아에서 활약한 필론(기원전 25~서기 50년)이라는 유대인 철학자가 남긴 판크라티온 시합의 목격담은 누군가에게 전해 들은 것이 아닌 직접적 체험록이라는 점에서 매우 귀중한 증언이지만, 시합 내용 자체는 다소 기대에 어긋나는 면이 있다.

예전에 나는 판크라티온 시합을 본 적이 있는데, 그곳에서는 선수 한 사람이 손과 발로 세차게 공격하고 있었다. 그의 공격은 겨냥도 정확하여 상대를 쓰러뜨리기에 충분해 보였으나, 결국 그는 포기를 선언하고 패자로서 시합장을 떠났다. 한편 대전 상대는 바위 같은 몸에 투지가 가득했으며 전신을 덮은 근육은 마치 강철 같았다. 그는 육체의 강인함과 내구력을 무기로 온갖 공격을 견뎌낸 끝에 마침내 승리를 거머쥔 것이다.

레그홀드
Leg-hold

시대 : 로마.
부록 :

엎드린 상대의 오른 다리를 자신의 왼 다리에 끼워 넣고, 왼 다리를 들어 올린 뒤 오른팔로 조여 움직임을 봉쇄하는 동시에 다리를 꺾는다. 왼손으로는 상대의 왼팔이나 몸통을 잡는 것으로 보인다.

도해

〔P-28〕

〔P2-3-8-A〕

제 6 장
스틱파이팅

스틱파이팅 개설

봉이나 지팡이를 사용하는 전투술은 세계 각지에서 찾아볼 수 있으나, 여기에서 소개하는 것은 고대 이집트에서 종교 행사·군사훈련·스포츠로서 이루어지던 격투기이다.

스틱파이팅은 이집트어로 아하 메 세트(지팡이와 싸움)라 불렸으며, 기록으로는 중왕국 시대(기원전 2030~1640년)에 등장한다. 전장에서 사용하는 무술, 거기에서 발전한 격투기, 종교 행사에서 거행되는 의식 등 세 타입이 알려져 있다.

라메세움 파피루스(Ramesseum Dramatic Papylus)에 따르면 종교 의식으로서의 스틱파이팅은 레토폴리스라는 도시에서 호루스 신을 기리는 축제 형태로 시행되었다고 한다. 이는 (아)메스라 불리는 봉을 이용한 시합 혹은 춤으로서, 호루스 신이 악신(악령)을 물리치는 모습을 재현한 것이라고 전해진다. 헤로도토스는 이집트의 파프레미스라는 도시(레토폴리스와 동일시되고 있다)에 봉을 든 신관과 신자들이 1000명 단위로 집단을 이루어 서로 치고받고 싸우는 축제가 있었다고 기록하고 있다.

[S-1-1]
라메세움 파피루스에 그려진 레토폴리스의 호루스 신 축제 의식. 기원전 1980년.

사용하는 무기도 다채로워 양손으로 쥐는 장봉(長棒), 쌍봉, 아래팔에 동여매는 방패와 봉, 한손봉의 네 종류가 기록되어 있다. 한손봉 자세로 미루어볼 때 군사용 곤봉과 메이스, 봉과 도끼 기법이 거의 그대로 유용되었으리라 여겨진다. 나중에 청동검(코페시라 불리는 날이 활 모양으로 굽은 검과 전차병이 사용하던 직검)이 보급된 뒤에는 그 기법도 도입되었을 것이다(투탕카멘 왕의 무덤에서도 탈착식 날밑이 달린 코페시를 본뜬 봉이 발견되었다).

양손봉 사용법은 중세 유럽의 롱소드와 영국의 쿼터스태프술, 현대 이집트의 봉술인 '타흐팁' 기법과 흡사하다.

타흐팁은 양손봉을 사용하는 춤이다. 본래는 병사의 훈련용 무술로서 도보, 기마, 춤의

세 타입으로 나뉘어 있었다. 하지만 타흐팁과 고대 이집트의 스틱파이팅 사이에 어떤 관련성이 있는지는 알 수 없다.

규칙

시합은 기본적으로 1 대 1이지만, 때때로 단체전 또는 1 대 2 시합도 벌어졌다. 테베 케루에프 고분(제18왕조)의 부조를 보면 시합은 세드 축제에서 열렸고, 선수들은 '페의 남자들'과 '데프의 남자들' 두 팀으로 나뉘어졌다. 이는 신화에 나오는 페와 데프의 싸움을 재현한 것이다.

심판은 두 사람. 또한 '(타격!)', '(두 번 타격!)' 이라고 벽화에 쓰여 있듯이 타격수에 의한 득점제였다. 그리고 이 시합에서는 심판이 손을 들고 두 번 타격한 선수에게 '(방금 전 타격은 무효!)' 라며 상대의 발을 밟은 반칙 행위에 따른 득점 취소를 선언하고 있어, 무기 이외의 부분이 상대의 몸에 닿는 것은 금지되었음을 짐작할 수 있다.

회화 자료를 통해 추측하기로 찌르기는 존재하지 않고, 머리만을 유효면으로 삼았던 것으로 보인다. 이는 곤봉·도끼술을 바탕으로 하고 있기 때문일 것이다.

(S-1-9)
아마르나의 분묘. 승리 포즈를 취하는 승자와 이마를 짚는 패자.

장비

한손봉으로는 전투용 봉, 채찍(가늘고 휘어진 봉), 파피루스 줄기가 사용되었다. 전투용 봉은 전체 길이 60~90cm로, 금속 또는 가죽을 감아 강화하였고 너클가드처럼 생긴 것이 튀어나와 있다. 그러나 실제로는 이 돌기보다 윗부분을 잡으므로 너클가드 이외의 기능이 있었을 것이다. 메디네트 하부 람세스 3세 신전의 부조에 등장하는 스틱파이팅 장면에서의 봉은 전체 길이 60~80cm가량이며 다소 가늘다. 손잡이에는 손을 보호하기 위한 아치형 너클가드가 달렸고, 앞쪽 끝은 서양배 모양으로 부풀었다.

양손봉은 전체 길이 120~180cm 가량의 목제로서, 상당히 견고하게

(S-1-3)
람세스 3세 시기의 전투용 봉. 기원전 11세기.

〔S-1-4〕
전투 훈련. 상반신에 아마포를 감았지만 머리는 그대로 노출되어 있다. 손에 들고 있는 봉은 람세스 3세 시기의 것과 동형으로, 그 특이한 그립법이 분명하게 묘사되어 있다.

〔S-1-5〕
투탕카멘의 무덤에서 출토한 지팡이와 봉. 코페시를 본뜬 전투 훈련용 봉에는 심한 사용흔이 남아 있다. 또한 위 일러스트에 그려진 봉의 실물도 보인다. 기원전 14세기 전반.

만들어진 듯 보인다.

　대부분의 경우 방어구는 착용하지 않거나 상반신에 아마포를 둘러 감는 정도로 간소했다. 다만 전술한 메디네트 하부의 부조에서는 선수가 마스크를 장착하고 있다. 이 마스크는 눈과 입, 코 등의 조형이 만들어진 제법 정교한 물건으로서, 밴드나 끈을 이용해 고정했으리라 추정된다. 특필할 만한 것은 왼팔에 동여맨 방패로 여겨지는 장비이다. 추측하기로는 목제 봉이나 주걱 같은 도구를 동여맸을 것으로 생각된다.

〔S-1-6〕 메디네트 하부의 마스크.

〔S-1-7〕
메디네트 하부의 부조. 봉의 형태가 묘사되어 있는 것은 물론, 오른쪽에서 두 번째인 승리 포즈를 취한 인물의 왼쪽 아래팔에는 방패로 보이는 선이 새겨져 있다.

〔S-1-7-B〕
같은 부조의 다른 장면. 방패를 동여맨 것으로 추정되는 끈이 묘사되어 있다.

〔S-1-8〕
다른 예.
복장으로 보아 신왕국 시대.

스틱파이팅 '한손봉' 자세 1

상단자세
High guard

시대 : 이집트.

부록 :

왼발을 앞에 내밀고 서서 오른손에 쥔 봉을 치켜드는 가장 일반적인 자세. 무방비한 좌반신을 상대에게 향한 채 왼팔을 내리고 있는 것으로 보아, 왼팔로 상대의 공격을 막는 것이 아니라 좌반신에 대한 명중은 무효였던(아마도 머리만 유효) 듯하다.

〔S-1〕
테베 제192호 무덤, 케로에프(케루에프) 무덤 유적, 제18왕조, 기원전 1500년경.

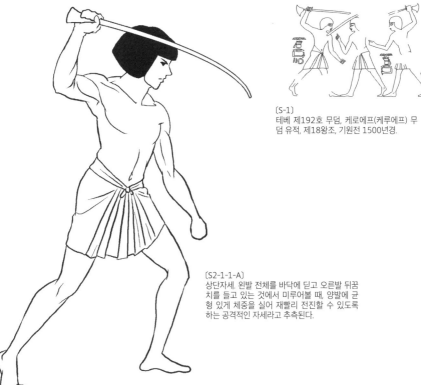

〔S2-1-1-A〕
상단자세. 왼발 전체를 바닥에 딛고 오른발 뒤꿈치를 들고 있는 것에서 미루어볼 때, 양발에 균형 있게 체중을 실어 재빨리 전진할 수 있도록 하는 공격적인 자세라고 추측된다.

팔방패 자세
Arm-shield

시대 : 이집트.

부록 :

왼팔에 방패 대용 보호구를 장착했을 때의 자세. 왼팔을 눈앞에 세우고, 오른손에 쥔 봉을 치켜든다. 가슴부터 위, 특히 상반신을 방어하기에 적합한 자세이다.

〔S-2〕
테베 제31호 무덤, 콘스의 무덤 유적, 제19왕조, 기원전 13세기.

〔S2-1-2-A〕
앞쪽으로 기우는 상단자세와 달리, 뒷다리에 무게중심을 두고 몸을 빼는 느낌의 방어 주체 자세라고 여겨진다.

〔S-3〕
람세스 3세의 장제신전, 제20왕조, 기원전 12세기 중반.

도해

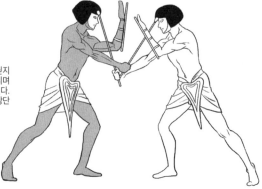

〔S2-1-2-B〕
공격 2종. 오른발을 내딛지 않고 치는 방법과 내디디며 치는 방법 두 종류가 있다. 공격 방법은 양쪽 모두 상단에서 안면을 내리친다.

스틱파이팅 '양손봉' 자세 1

매달기 자세
Hunger

시대 :	이집트.
부록 :	

　양손봉의 인물상은 모두 아부시르에 위치한 사후레 왕 장제신전(제5왕조, 기원전 25세기)의 것이다. 벽화에서는 항상 왼손이 앞에 오고 오른손이 뒤로 가게 봉을 잡고 있다. 아마도 본래는 창처럼 사용하다가 점차 양손의 간격이 좁아졌기 때문인지도 모른다.

　독일식 중세 롱소드 검술에도 존재하는 '매달기 자세'(Hangetort)와 동일하게 머리 위에서 봉의 앞쪽 끝을 늘어뜨려 비스듬하게 잡음으로써, 오른쪽에서 들어오는 상대의 내리치기를 받아넘길 수 있다. 또한 손목을 비트는 것만으로 재빨리 반격할 수 있다는 이점도 있다. 당시의 기본자세였으리라 추측된다.

　다른 장면에서는 상대가 내리친 공격을 막아낸 직후, 혹은 상대가 하단자세를 취했을 때 옆으로 봉을 휘둘러 공격하려는 모습을 묘사하고 있다.

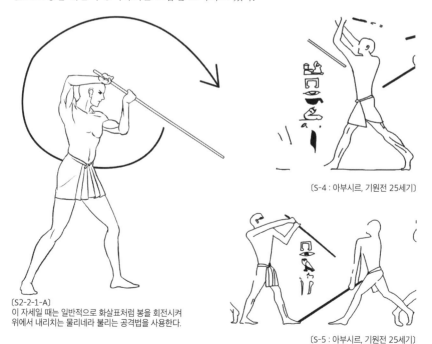

[S2-2-1-A]
이 자세일 때는 일반적으로 화살표처럼 봉을 회전시켜
위에서 내리치는 물리네라 불리는 공격법을 사용한다.

[S-4 : 아부시르, 기원전 25세기]

[S-5 : 아부시르, 기원전 25세기]

수평치기
Twerchhau

시대 : 이집트.

부록 :

중세 독일식 검술의 5대 비기 중 하나로, 머리 위에서 검을 선회시켜 상대의 내리치기를 막으며 상대의 측면을 베는 기술. 검이 머리 위에서 헬리콥터의 로터처럼 회전한다고 하여 헬리콥터 물리네라 부르는 현대 검사도 있다(물리네는 '작은 풍차'라는 이름대로 검을 회전시켜 베는 기술).

여기에서의 묘사는 매달기 자세와 거의 동일하지만 손의 위치가 높은 점, 일부가 잘려 있으나 상대의 지팡이도 같은 포즈인 점에서 미루어, 두 사람이 동시에 봉을 머리 위에서 선회시켜 맞부딪치고 있는 것으로 추측된다.

〔S-6〕
아부시르, 기원전 25세기.

도해

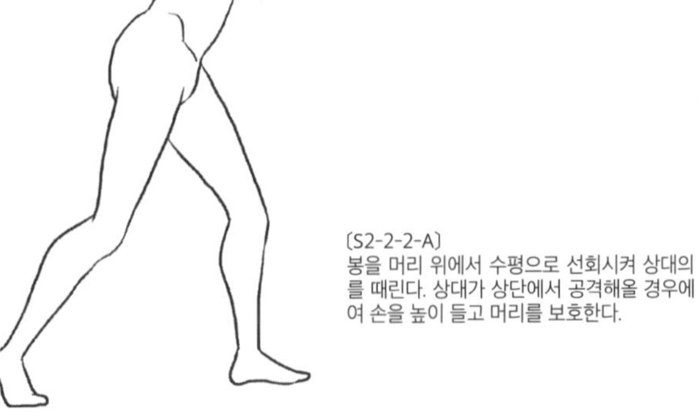

〔S2-2-2-A〕
봉을 머리 위에서 수평으로 선회시켜 상대의 측두부를 때린다. 상대가 상단에서 공격해올 경우에 대비하여 손을 높이 들고 머리를 보호한다.

166

스틱파이팅 '양손봉' 기술 2

봉 거두기
Disarm

시대 :	이집트.
부록 :	

봉을 오른쪽 겨드랑이에 끼우고 상대의 왼쪽 팔꿈치와 어깨를 붙잡는다. 이후에는 상대를 밀어젖힌다, 관절기로 이행한다, 메친다 등의 선택지가 있다.

〔S-7〕
아부시르,
기원전 25세기.

도해 1

〔S2-2-3-A〕
상대의 공격을 막아내고,
오른손으로 상대의 팔꿈치를
붙잡는다.

도해 2

〔S2-2-3-B〕
봉을 오른쪽 겨드랑이에 끼워 넣고
왼손으로 상대의 어깨를 붙잡는다.

기본자세
Basic guard

시대 : 이집트.

부록 :

앞쪽 봉(보통 왼손)을 낮게 잡고 뒤쪽 봉을 머리 위에 치켜드는 것이 기본자세로서, 앞쪽 봉을 방어에, 뒤쪽 봉을 공격에 사용한다. 그림 〔S-1-4〕를 참조.

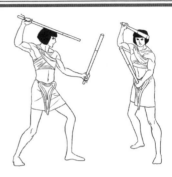

〔S2-3-1-A〕
자세.

도해1

〔S2-3-1-B〕
기본 기술 A(추측). 상대의 공격을 왼쪽 봉으로 쳐내고, 오른손에 든 봉으로 반격한다.

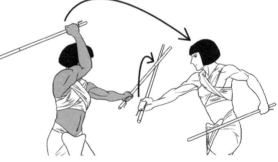

도해2

〔S2-3-1-C〕
기본 기술 B(추측). 왼손에 든 봉으로 상대의 봉을 걸어 봉쇄한 뒤 공격한다.

가슴 자세
Chest guard

시대 : 이집트.

부록 :

레토폴리스의 신관이 호루스 신을 기리며 거행하는 의식에서 취하던 자세로, 이것이 실전용 자세인지, 아니면 춤출 때의 포즈인지는 불명이다. 오른손에 마웨트라는 한가운데 술 장식이 달린 봉을 들고, 왼손에는 활처럼 시위가 달린 봉을 든다.

왼 다리를 앞으로 내밀고 오른손을 치켜들며 왼손을 가슴 앞에 둔 상태에서 몸을 뒤로 약간 빼는 듯 보인다. 만약 이것이 실전용 자세라면 앞서 설명한 기본 기술과 같은 기술을 사용했을 것이다. 그림 [S-1-1]을 참조.

[S2-3-2-A]

로마 시대 프로스포츠 협회 회원증

아래는 복서 헤르미누스에 대하여 서기 194년 9월 23일 나폴리가 발행한 스포츠 협회 입회 증명증을 옮겨놓은 것이다. 증명서는 매우 장대하여 전체 길이 1m나 되는 파피루스지에 장황하게 적혀 있는데, 그 대부분을 증인의 서명이 차지한다. 이 증명서에는 입회금 지불 의무와 더불어, 신관으로서 대회 운영을 돕는 것이 입회의 필수 사항임을 엿보게 하는 기술이 있다.

'헤르미누스, 일명 모로스. 헤르모폴리스(이집트의 도시) 출신. 복서. 하드리아누스 안토니누스 셉티미우스 신성 프로스포츠 선수 협회로부터 협회 소속 선수에게. 인사를 전함. 여기에 상기 헤르미누스, 일명 모로스. 헤르모폴리스 출신 복서. 연령 ??세가 입회금 100데나리우스를 전액 지불, 당 협회원이 되었음을 보고한다. 이상.
......
나, 카르피온의 아들 포티온. 라오디케아 출신. 올림픽 대회 복싱 우승자. 레슬러. 저명한 스포츠맨. 신성 프로스포츠 협회 회장은 이에 헤르모폴리스 출신 헤르미누스, 일명 모로스가 나의 임석 하에, 속주 아시아 연맹 주최로 사르디스에서 개최된 신성 개선 세계 대회에 있어 신관으로서의 의무를 다하였음을 증언한다. 50데나리우스.'

이후 다른 협회 회장(소아시아 필라델피아 출신의 올림픽 달리기 우승 선수로 에페소스와 트랄레스의 명예시민)의 증언과 협회 회계사, 서기의 서명에 더하여, 사르디스 출신으로 알렉산드리아, 사르디스, 밀레토스, 스파르타를 비롯한 여러 도시의 명예시민이자 2회 페리오도니케스(올림피아, 네메아, 이스트미아, 피티아 등 고대 4대 제전 연속 제패자)이기도 한 대사제의 서명이 들어가 있었다.

제 7 장
무기전투술

무기전투술 개설

이집트의 무기전투

고대 이집트의 무기전투술이 다른 문명의 것과 조금 다른 이유는 사용하는 무기에 있다. 일반적인 문명에서는 금속제 무기, 특히 창과 검, 단검이 기본 장비이지만, 이집트에서는 봉과 곤봉, 메이스를 이용한 전투가 기본이었다. 이들 무기는 휘둘러 타격하는 동작을 바탕으로 하며 찌르기 등은 존재하지 않는다.

이집트의 전투술에서는 이도류로 싸우는 병사가 다른 문명보다 압도적으로 많다는 것도 특징이다.

그런 이집트에서 가장 중시되었던 전투술은 궁술이다. 앞에서도 서술하였듯이 고대 문명의 지배자는 자신의 힘을 나타내 보임으로써 왕국의 지배자로서의 정통성을 증명하였는데 그것은 이집트도 예외가 아니었다. 그 증명 방법 중 하나가 사냥이다. 본래의 사냥은 국민을 맹수로부터 보호하여, 국민의 수호자로서의 능력을 과시하는 것이었다. 시대가 흐름에 따라 의식·오락화되어갔으나, 그 근저에 흐르는 의미는 변하지 않았다.

그리고 기원전 17세기에 전차가 도입되면서 궁술의 중요성은 더욱 커진다. 활은 전차병의 주요 무기였으므로 궁술은 국왕이 무엇보다 숙달해야 할 기술이 되었고, 그 솜씨는 국왕의 권위를 크게 높여주었다.

기원전 15세기의 아멘호테프 2세는 스스로를 비할 바 없는 운동가라 칭하였는데, 그가 달리기 외에 단단한 활시위를 당기거나, 300발이나 되는 화살을 쏘거나, 질주하는 전차 위에서 화살 4발을 동판에 맞혀 관통시킨 점을 자랑스럽게 여긴 데서도 궁술의 중요성을 잘 알 수 있을 것이다.

〔A-1-1〕
베니하산 제15호 무덤의 벽화. 기원전 21세기. 상단 왼쪽 두 사람은 바닥에 화살을 준비하거나 활시위를 얹는 중이다. 중단 이후는 가지각색의 무장을 한 병사들로, 이 시기 병사들의 무장에 통일성이 없음을 알 수 있다. 일부가 잘려나 일러스트 오른쪽에는 적의 성채가 있어, 병사들은 이를 공격하고 있다.

메소포타미아의 무기전투

메소포타미아의 무기전투술에 관해서는 거의 알려져 있지 않다. 우르의 깃발이라 불리는 유명한 오브제에 묘사된 초기의 전차(후세의 채리엇과 구별하기 위해 배틀왜건이라고도 부른다)에 투창 여러 자루와 긴 손잡이 메이스가 장비되어 있는 것으로 보아, 당시 전투술은 투창과 양손 곤봉술, 창술과 레슬링이 중심이었으리라 추측된다.

이윽고 활이 전차의 주요 무기가 되면서 무기전투술의 중심은 궁술로 변화해간다. 서기 14세기 시리아의 궁술 매뉴얼에는 고대 궁술로서 방패를 들고 활을 쏘는 기술, 상대의 공격을 피하면서 활을 쏘는 기술, 수풀 너머의 적을 저격하는 기술, 한쪽 무릎을 꿇거나 배를 깔고 엎드린 자세로 활을 쏘는 기술 등이 있었다고 적혀 있어, 고대 메소포타미아 궁술의 일단을 엿볼 수 있다.

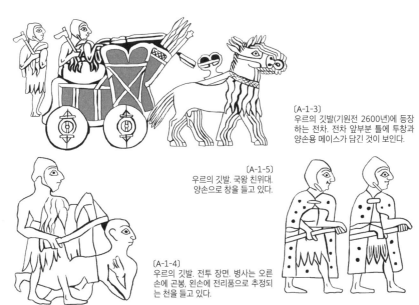

〔A-1-3〕
우르의 깃발(기원전 2600년)에 등장하는 전차. 전차 앞부분 틀에 투창과 양손용 메이스가 담긴 것이 보인다.

〔A-1-5〕
우르의 깃발. 국왕 친위대. 양손으로 창을 들고 있다.

〔A-1-4〕
우르의 깃발. 전투 장면. 병사는 오른손에 곤봉, 왼손에 전리품으로 추정되는 천을 들고 있다.

그리스의 무기전투

크레타 문명에서는 종교 의식의 일환으로서 결투가 이루어진 듯 보이지만, 그 실체는 그다지 알려지지 않았다. 스포츠로서의 무기전투가 최초로 등장하는 것은 호메로스의 『일리아스』이다. 여기에는 전장에서 사용하는 무구를 걸친 영웅들이 진검승부를 벌이는 모습이 묘사되어 있다.

또한 터키 클라조메나이에서 발굴한 도기제 관의 장식에는 전차에 탑승한 병사들 사이로 피리 소리에 맞춰 싸우는 전사의 모습이 분명히 표현되어 있으며, 다른 항아리 그림에서는 관중이 지켜보는 가운데 결투하는 전사들의 모습이 나타난다. 서기 3세기의 아테나이오스에 따르면 기원전 4세기까지 이러한 풍습이 존재했다고 한다.

하지만 기원전 8세기 이후 팔랑크스라 불리는 밀집 대열의 등장을 계기로 무기를 사용하는 격투기는 인기를 상실하고, 다시 무기격투술이 발흥하는 것은 기원전 5세기 무렵이 되어서였다. 무기격투술을 가르치는 교관은 처음에는 진형과 전술, 군대의 조직화 등을 감독하는 군사 고문적 역할을 가지고 있었으나, 점차 개인의 전투술을 가르치는 트레이너가 되어간다. 다만 그들이 가르치는 격투술은 실전용이 아닌 취미·오락의 영역으로 간주되었다. 아브데라의 데모크리토스가 기원전 360년에 무장전투술 교본을 집필했다고 전해지지만 현재는 소실된 상태이다.

〔A-1-2〕
클라조메나이 석관.
기원전 510~480년.

로마의 무기전투

그리스에서 기원한 맨손격투기와 달리 무기전투술은 로마 시민에게 걸맞은 전통적 활동이라고 인식되었다. 시민들은 로마 시외에 있는 캄푸스 마르티우스에서 승마와 무기전투술을 훈련했다.

다만 아우구스투스가 무기를 사용한 연습을 재흥시켰다는 기록이 있기 때문에, 공화정 말기까지는 이 전통이 쇠퇴했던 듯 보인다. 그래도 당시 시민의 기술은 상당한 수준이어서 카이사르가 몸소 자신이 소유한 검투사 양성소에서 전투술을 지도했다거나, 검투사를 훈련시키기 위해 기량이 뛰어난 상류 계급(기사 계급과 원로원 의원을 포함)의 집에 검투사를 파견했다는 등의 일화가 남아 있다.

그 후 무기격투술은 황제들이 제국을 다스릴 만한 자격을 갖추었음을 어필하는 장이 되어간다. 무기격투술을 재흥시킨 아우구스투스는 노령이 되기까지 연습을 계속했고, 네로는 시민들에게 자신의 연습 풍경을 견학시켰다고 한다. 후술하겠지만 이 무기전투에는 검투사로서의 훈련도 포함되어 있어 많은 자제들이 검투사 훈련을 쌓았다.

이집트의 무기전투술 1

단봉 · 도끼 · 메이스
Short baton, ax and mace

시대 : 이집트

부록 :

도해1 양손잡기

[A2-1-1-A]
봉을 가슴 높이에서 쥐고 앞 끝을 약간 내린 자세로, 방어적인 자세이거나 봉을 빙글 회전시켜 위에서 내리치는 자세라고 여겨진다. 어쩌면 봉 끝을 상대에게 향하는 것이 아니라 측면 쪽으로 들고 있는 것일 수도 있는데, 만약 그렇다면 독일식 중세 롱소드 검술의 '후방 가드 자세(Nebenhut)'나 '방벽 자세(Schrankhut)'와 비슷하다.

[A-1(BH15-209)]

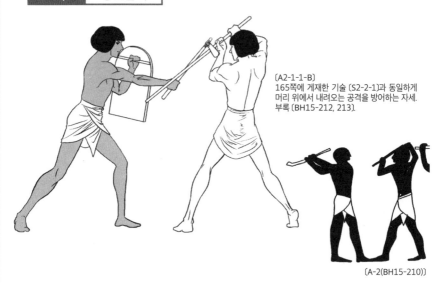

〔A2-1-1-B〕
165쪽에 게재한 기술 〔S2-2-1〕과 동일하게
머리 위에서 내려오는 공격을 방어하는 자세.
부록 〔BH15-212, 213〕.

〔A-2(BH15-210)〕

〔A2-1-1-C〕
흑의 자세는 중단자세의 일종이거나, 봉을
좌우로 기울여 몸의 측면을 방어하는 자세.
백의 자세는 중세 유럽 롱소드 검술에서
분노 자세(Zornhut)라 부르며, 전력으로
일격을 가하는 공격 자세이다.

〔A-3(BH15-214)〕

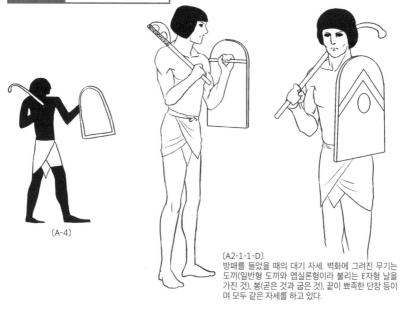

도해4　방패를 들 경우

〔A-4〕

〔A2-1-1-D〕
방패를 들었을 때의 대기 자세. 벽화에 그려진 무기는
도끼(일반형 도끼와 엡실론형이라 불리는 E자형 날을
가진 것), 봉(곧은 것과 굽은 것), 끝이 뾰족한 단창 등이
며 모두 같은 자세를 하고 있다.

도해5　방패를 들 경우

〔A2-1-1-E〕
전투 시 기본자세로, 중세 유럽의
세밀화에도 방패를 들었을 때의 자
세로서 가장 많이 등장한다. 왼발
을 앞에 내밀고 비스듬히 선 상태
로 오른손을 들어 상단 · 중단 · 하
단 어디든 공격할 수 있도록 한다.
부록〔BH15-216〕.

〔A-5(BH17-118)〕

177

창 · 지팡이
Spear and staff

시대 : 이집트.

부록 :

도해 1

〔A2-1-2-A〕
지팡이 또는 창을 사용할 때의 자세. 중세 유럽 스태프술의 측면 자세(Nebenhut)나 이탈리아식 십자자세(Posta di croce)와 유사하다.

〔A-6(BH15-220)〕

도해2

[A2-1-2-B]
상대의 방패 아래를 노려 공격하는
자세. 전술한 '매달기 자세'와 달리
자루가 머리보다 낮아 두부를 보호
하지 못한다. 벽화에서는 이 앞쪽으
로 상대의 머리카락을 붙잡고 머리
에 무기를 내리치려는 병사가 그려
져 있다. 공격 방법은, 왼손 안을 미
끄러지듯 통과시켜 찌른다.

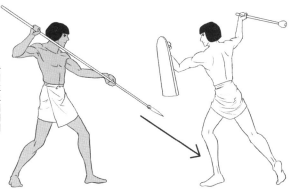

[A-7(BH15-219)]

[A-8(BH15-218)]

도해3

[A2-1-2-C]
중세 독일식 롱소드 검술의 '황소 자세(Ochs)' 혹은 이탈리아
식 레이피어 검술의 '첫 번째 자세(Prima)'와 비슷한 자세. 이
자세는 상대의 방패 위로 드러난 눈을 겨누는 동시에 자신의
머리를 방어할 수 있다. 앞에 내민 왼손으로는 빈틈을 노려
상대의 방패나 몸을 붙잡으려 하고 있다.

[A-9(BH17-119)]

무기 잡기
Blade catch

시대 : 이집트.

부록 :

검이 주류가 된 이후라면 상대의 무기를 잡는 것은 자살행위이겠지만, 곤봉과 메이스 등이 주류이던 이 시기에는 상당히 일반적인 기술이었던 듯하다.

도해

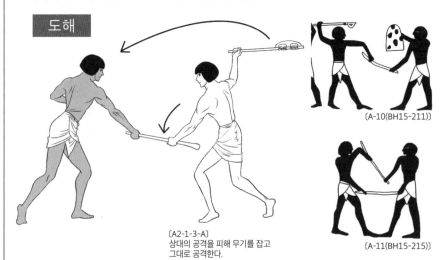

(A2-1-3-A)
상대의 공격을 피해 무기를 잡고 그대로 공격한다.

(A-10(BH15-211))

(A-11(BH15-215))

카운터

(A2-1-3-B)
상대의 머리카락을 붙잡고 끌어내린다.

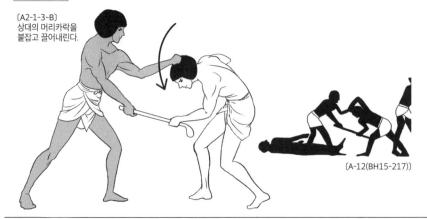

(A-12(BH15-217))

이집트의 무기전투술 4

이도류
Two-sword fighting

시대 : 이집트.

부록 :

채찍과 봉의 이도류. 백이 오른손에 든 채찍을 옆으로 휘둘러 공격하자, 흑이 왼손에 든
채찍으로 막아내며 반격하고 있다.

[A2-1-4-A]

[A-13(BH2B-29)]

테살리아의 함정
Thessalon sophism

시대 :	그리스.
부록 :	

기원전 411~410년 집필된 에우리피데스의 『포이니케 여인들』에 등장하는 기술로서, 현존하는 유일한 고대 그리스의 무기전투 기법.

상대가 밀어붙일 때 왼발을 뒤로 당겨 상대와 거리를 둔 다음, 신중하게 상대의 배를 응시하며 오른발을 내디뎌 하복부를 찌르는 기술로, 빠르게 후퇴함으로써 적이 기세를 못 이기고 고꾸라지게 만들어 공격하는 원리이다.

도해

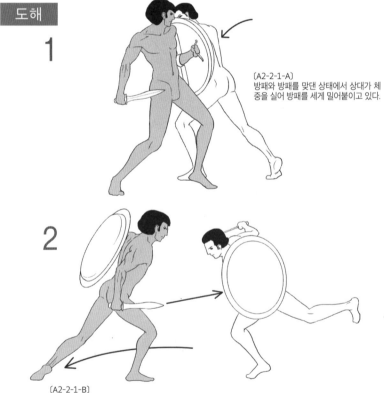

[A2-2-1-A]
방패와 방패를 맞댄 상태에서 상대가 체중을 실어 방패를 세게 밀어붙이고 있다.

[A2-2-1-B]
단숨에 왼발을 뒤로 당겨 상대의 기세를 무너뜨리고, 고꾸라지려는 상대에게 오른발을 내디디며 찌르기를 한다.

제 8 장
검투사

검투사 개설

　기원전 3세기부터 서기 5세기에 걸쳐 이루어지던 검투 시합은 잔혹하고 임팩트가 커, 고대를 소재로 한 서적 등에 자주 등장한다.

　전차 경기에 버금가는 인기를 자랑하던 검투 시합이지만 그 기원에 관해서는 잘 알 수 없다. 로마인 스스로는 에트루리아 기원이라고 생각했던 듯하나, 고고학적 조사에 의하면 에트루리아 지방에서 검투 시합이 열렸다는 증거는 전혀 없다.

　검투 시합이 이루어졌다는 확정적 증거 가운데 가장 오래된 것은 이탈리아 남부 캄파니아 지방에 위치한 오스코 삼니움족(Osco-Samnites, 나폴리 북쪽 파에스툼 시에 거주) 무덤(기원전 370~340년경)의 프레스코화로, 거기에는 복싱과 레슬링 외에 결투를 벌이는 전사의 모습이 묘사되어 있다. 또한 리비우스의 기록에 따르면 삼니움족과의 전투에서 로마가 승리했을 때, 로마와 동맹을 맺고 있던 캄파니아인은 검투사에게 삼니움족의 무구를 입히고 '삼니움인'이라 불렀다고 한다. 최초로 원형 투기장이 만들어진 것은 물론 가장 많은 검투사 양성소가 존재했던 곳도 캄파니아였다는 점에서, 캄파니아를 검투 시합의 기원지 또는 검투 시합의 전통이 매우 강한 지역이라고 단정해도 무방할 것이다(다만 고인의 무덤에 인간의 피를 바침으로써 산 자와 죽은 자 사이를 중재하는 전통은 지중해 세계 전역에서 나타나므로, 캄파니아 기원이라고 단정하기는 시기상조라고 할 수 있다). 카르타고에도 검투 시합을 하는 전통이 있던 듯, 한니발이 군의 사기 고양을 위해 포로에게 검투 시합을 시키고 승자에게 갑옷과 말을 주어 해방시켰다는 기록이 있다.

(G-1-1)
루카니아 지방의 무덤 프레스코화. 기원전 340년.

검투사의 가격

로마 최초의 검투 시합은 기원전 264년 포룸 보아리움(고기·생선 시장)에서 거행된 데 키무스 유니우스 브루투스 페라의 장송의례이다. 세 쌍의 검투사를 싸우게 하였는데, 이전까지 이루어지던 인신 공양 관습을 '보다 인도적으로' 바꾼 것이라 전해진다. 모순적으로 들리지만 전쟁 포로나 노예가 무조건 살해당하던 이전까지와 달리 생환 가능성이 남아 있는 만큼 인도적이라고 인식하였던 것이다.

초기의 검투 시합은 고인에 대한 헌납(Munera : 의무)의 성격을 가졌으며, 후세의 것처럼 축제의 일환으로 열리는 구경거리(Ludi)가 아니었다(초기의 검투사는 Bustuarii, 장의사라 불렸다). 하지만 공화제 후기 들어 검투 시합은 장송의례가 아닌 지명도를 올리는 수단으로 변화해갔다.

검투 시합을 정치적으로 이용하기 시작하면서 그 규모는 급속히 확대되어, 인기를 얻고자 주최자가 거액의 빚을 지는 일이 당연해진다. 그래서 검투 시합의 규모를 제한하기 위해 수많은 법률이 시행되었다. 그러나 제정기에 들어서자 검투 시합은 황제가 시민의 지지를 얻는 중요한 수단으로서 다시 팽창을 시작한다. 기록에 따르면 그 규모는 1,000쌍 단위에 달했다고 한다.

이들 자료 가운데 매우 흥미로운 것이 마르쿠스 아우렐리우스 안토니누스 황제가 서기 176년 제정한, 속주에서 열리는 검투 시합의 등급화와 그곳에 출장하는 검투사 보수의 시세화 법이다. 이 법률에서는 검투 시합을 총예산에 따라 4단계로 나누고, 출장 검투사의 보수를 3~5단계로 분류하고 있다. 내역을 상세히 적자면 다음과 같다.

등급	총예산	검투사 시세
A	3 ~ 6만S	I : 3000S, II : 4000S, III : 5000S
B	6 ~ 10만S	I : 5000S, II : 6000S, III : 8000S
C	10 ~ 15만S	I : 5000S, II : 6000S, III : 8000S, IIII : 10000S, V : 12000S
D	15 ~ 20만S	I : 6000S, II : 7000S, III : 9000S, IIII : 12000S, V : 15000S

(단위 : 세스테르티우스)

검투사의 가격이 총예산에 비해 상당히 높은 것은 이 가격이 임대료가 아닌 평가 금액(구입비)이기 때문이다. 당시 일반 병사의 급료는 연간 1,200S, 일반적인 농가의 연간 생활비는 500S였다고 알려져 있다.

속주(지방) 도시에서 열리는 검투 시합은 로마에서 열리는 것보다 훨씬 소규모였다. 기원전 44년 바이티카에 건설된 우르소 시의 창설 헌장에 따르면 매년 선출되는 네 명의 고관에게는 유피테르, 유노, 미네르바를 기리는 검투 시합 또는 흥행물을 주최할 의무가 있었다고 한다. 이때의 예산은 고관의 사비로 마련되어 최저 2,000세스테르티우스, 시에서 보조하는 금액은 1,000세스테르티우스였다. 왜 보조금이 나오는가 하면 제정기의 속주 도시 고관직은 세습제였으며 로마 시에서의 시민 선거도 황제가 추천한 후보자를 추인하는 기능밖에 가지고 있지 않았기 때문이다. 즉 막대한 자금을 들여 인기를 얻으려 할 이유가 없던 것이다. 제정기의 검투사는 황제에 대한 충성심과 지지를 모으는 수단이었고, 그를 위해 황제들은 보조금을 뿌려 검투 시합을 개최시켰다. 검투 시합은 주로 12월과 3월에 열렸으며, 주최자는 도시의 고관이나 황제 숭배 신관이었다.

다양한 처지의 검투사

검투사들은 '아마추어'와 '프로'의 두 종류로 나누어진다. 아마추어는 반역자와 (하층 계급의) 범죄자, 전쟁 포로 등이며, 프로는 특별한 훈련을 받은 노예 또는 지원한 일반 시민이었다. 지원 검투사는 먼저 자신이 가진 모든 인권을 포기하고 실질적인 노예가 될 것을 선언할 필요가 있었다. 그들 대부분은 부와 명성과 스릴을 추구하여 이 세계에 뛰어들었지만, 개중에는 볼모로 잡힌 친구의 몸값이나 아버지의 장례비용을 마련하기 위해 검투사가 된 사람도 있었다.

아마추어 검투사(Gregarii)는 형벌을 받아 검투사가 된 사람들로, 아무런 대비나 훈련 없이 프로 검투사와 싸워야 하는 사람, 그리고 2년간 훈련을 받은 뒤 3년간 검투사로서 싸우게 되는 사람의 두 종류가 있었다. 단체전에서 등장하는 검투사도 그들 아마추어 검투사이다. 흥미롭게도 그들은 프로와 마찬가지로 검투사 양성소에 소속되어, 시합에 내보내려면 임대비를 지불할 필요가 있었으며 그 일부를 대전료로 받는 것도 가능했다. 게다가 운 좋게 계속 살아남으면 해방될 가능성도 있었다고 한다.

인간으로서의 기본적 인권을 모두 잃어 어떤 의미로는 일반적인 노예보다도 아래로 취급당하지 않았을까 생각되는 그들이지만, 우리가 상상하듯 항상 쇠사슬에 묶여 있던 것은 아니며, 도주의 위험이 적다고 판단된 검투사들은 자유롭게 거리를 돌아다니는 것은 물론 결혼해서 아이를 갖고 시가지에 가정을 꾸릴 수도 있었다. 예를 들어 유명한 검투사 스파르타쿠스는 카푸아에서의 검투사 시절 애인과 동거했다고 전해진다.

검투사들은 임대료의 일부를 대전료로 받을 권리가 있었는데, 비율은 자유인 검투사(후술)가 25%, 노예 검투사가 20%였을 것으로 추정된다.

운이 좋은 검투사는 노예 신분에서 해방되어 자유의 몸이 될 수 있었다. 그 상징이 연습에서 사용하는 목검으로서, 더 이상 진검을 들고 서로 죽일 필요가 없음을 의미한다. 그 밖에도 견실한 검투사가 대전료를 모아 자유를 사기도 하였다.

은퇴 후 그들은 요인의 호위나 건물의 경비원, 요리사나 잡역부 등 검투사 학교의 시설원, 특별히 실력이 뛰어난 사람은 검투사 학교의 사범(Doctor)이나 검투 시합 심판이 되었으나, 모든 검투사가 순순히 은퇴한 것은 아니며 다시 검투사에 지원하는 경우도 많았다. 이러한 재지원 검투사는 자유 검투사(Auctorati)라 불리는 프리랜서 검투사로서 제전 주최자와 직접 계약을 맺으며 보통 검투사보다 높은 대전료를 요구했다고 한다.

가장 이색적인 검투사를 꼽자면 여성 검투사(Gladiatrix)일 것이다. 그녀들은 항상 동성의 검투사와 싸웠다. 그 장비나 전법은 남성의 것과 완전히 똑같았지만 따로 가슴을 가리기 위한 상의를 착용했으리라 여겨진다. 여성 검투사는 서기 1세기 초두에 이미 어느 정도 사회적으로 인지된 존재였던 듯, 서기 19년 제정된 법률에서는 원로원·기사 계급에 속하는 20세 이하 자녀의 아레나 출장을 금지하고 있다. 여성 검투사는 서기 2세기 말 황제의 칙령으로 폐지되었다.

[G-1-5]
여성 검투사를 묘사한 현존하는 유일한 회화 자료. 왼쪽 검투사가 아마존, 오른쪽이 아킬레아라는 링네임이며, 클래스는 프로보카토르. 비문에 의하면 시합은 무승부로 끝났다고 한다. 소아시아 할리카르나소스 시 출토. 서기 1~2세기.

검투사 랭크

검투 시합을 보다 재미있게 만들며, 주최자가 지출에 부합하는 수준의 검투사를 고용할 수 있도록 자연발생적으로 랭크 제도가 형성되었다. 팔루스(Palus)라 불리는 이 제도는 제국 전역(특히 동방) 공통의 랭크 제도였다. 랭크는 최상급 제1랭크(Primus Palus)부터 제4랭크(Quartus Palus)까지 4단계제였고 '트라익스 제1랭크'라는 식으로 불렸다. 제1랭크 검투사는 그야말로 프로 중의 프로로서 개인용 방도 특별한 것이 주어졌으리라 추정된다.

또한 랭크 외 칭호로 '신참(Tiro)'이라는 것도 있었다. 그들은 이미 훈련을 마쳤으나 아직 시합은 경험하지 않은 루키 검투사이다. 검투사들의 전력(戰歷)은 Tessera Gladiatoria라 불리는 금속판에 기재되어 이를 참고로 랭크가 결정되었다.

이들 랭크 제도는 현대 격투기처럼 특별한 단체가 관리하는 것이 아니라 검투사 양성소에 따라서는 독자적인 랭크제를 운영하는 곳도 있었던 듯하다.

유벤스

다른 의미의 아마추어 검투사로서 유벤스(Iuvens)라는 소년소녀 스포츠단이 있다. 아우구스투스가 이탈리아 각 도시에 설립하였고 18~20세의 중·상류 계급 자제로 구성되어 있었다. 그들은 독자적인 축제일에 사람들 앞에서 스포츠를 선보이며, 다른 도시의 유벤스 팀과 대전했다고 한다. 어떤 의미로는 현재의 프로스포츠 팀에 가까운 존재로, 당연하지만 각팀의 서포터도 존재했고 시합을 응원하기 위해 이탈리아 전국을 여행하거나 때로는 폭동을 일으키기조차 하였다.

그들이 실시하던 종목 중 하나가 검투 시합이다. 다만 그들은 진검이 아니라 날을 세우지 않은 검이나 목도를 사용했다.

베나티오

베나티오(Venatio)는 동물을 상대로 싸우는 검투 시합의 일종이다. 일단 검투사의 한 종류로 간주되지만, 격투기를 소개하는 이 책의 취지에서는 조금 벗어나므로 여기에서 간단히 해설하는 것으로 그치겠다.

베나티오란 본래 '사냥'을 뜻하는 단어였으나 나중에는 동물을 이용한 흥행물을 의미하게 된다. 마찬가지로 '사냥꾼'이라는 뜻의 베나토르(Venator)도 대(對) 동물 전문 검투사를 가리키게 되었다.

■ 베나티오에는 다음과 같은 6종류가 있다.
  1. 진귀한 동물 퍼레이드.
  2. 조교된 동물의 곡예.
  3. 맹수끼리의 싸움.
  4. 맹수와 베나토르의 싸움.
  5. 맹수를 이용한 죄인 처형(Damnatio ad bestias).
  6. 투우(Taurocatapsia) : 말을 탄 베나토르가 소의 뿔을 잡고 끌어 넘어뜨린다.

베나티오는 준비 작업이 매우 까다로워 맹수가 제시간에 도착하지 않거나, 병에 걸리거나, 또는 맹수를 투기장에 내보냈지만 스트레스와 공포 탓에 싸우지 않는 등의 경우가 많았다.

그리고 방대한 수의 맹수를 공급하기 위하여 아프리카에는 전문적인 맹수 거래조합이 존재했으며 저마다 고유 번호와 휘장, 수호신을 가지고 있었다. 가장 유명한 조합은 넘버 III 텔레게니이로서, 끝에 초승달 모양이 달린 막대를 휘장으로 삼고 디오니소스 신을 수호신으로 모셨다. 맹수 포획 자체는 로마 군단병이 담당한 것으로 보인다.

〔G-1-2〕
콜로세움에 만들어진 콤모두스 황제 지하통로의 벽화. 왼쪽의 베스티아리우스(맹수 전문 검투사 중 하나)는 채찍과 케이프를 투우사처럼 사용하고, 오른쪽 인물은 탬버린같이 생긴 원형 도구로 사자를 도발하고 있다. 그들의 머리 위에서는 세 번째 사람이 사자의 머리 위를 뒤공중돌기로 뛰어넘고 있다.
서기 2세기 후반.

검투 시합의 흐름

검투 시합을 개최하기 위해서는 우선 검투사 양성소와 계약을 맺을 필요가 있다.

검투사를 빌리는 형식에는 임대(Locutio et conductio)와 구매(Emptio et vendito)의 두 종류가 있었다. 임대료는 구매 요금의 2~10% 전후라고 전해진다. 이 임대 계약은 검투사가 사망하거나 중대한 장애를 입을 시 자동으로 '구매' 계약으로 바뀌는 터무니없는 것으로서, 지출이 갑자기 5,000~1,000% 증가할 수도 있는 무서운 가능성을 가졌다. 또한 이 임대료에는 '소비세(Vectigalia)'가 포함되어 있다. 소비세는 시대와 속주에 따라 다르지만 대체로 4~30% 사이였다고 하며, 마르쿠스 아우렐리우스 안토니누스 황제 시대에는 제국 전체 세수입이 3,000만S였다고 전해진다.

계약이 성립하면 다음으로 광고(Edicta Muneris)를 한다. 광고는 붉은 잉크로 건물 벽과 시문, 나아가서는 묘석 등에 기입하는데 시합을 바치는 대상, 주최자명, 출장하는 검투사 수와 소속 단체명(Familia Gladiatoria : 대개는 검투사 양성소가 그대로 하나의 단체를 형성하고 있었다), 그 밖의 구경거리(베나티오, 운동경기, 공개 처형), 관객에 대한 배려(그늘막이나 경품 배포, 향수 살포), 개최 장소와 일시의 고지가 이루어졌다. 광고를 적는 것은 전문 업자로, 멀리서도 잘 보이도록 고안된 서식을 사용하였다.

그리고 대회 전날이나 이틀 전에는 도시 중앙 광장에서 출장 검투사를 공개하며, 전날 오후에는 축제 주최자의 연회가 열렸다. 이 연회에는 검투사도 참석한 데다 자유민이라면 누구나 무료로 참가 가능하여, 사람들은 다음 날 출장할 검투사들을 눈앞에서 관찰할 수 있었다.

시합의 대진표는 대회 직전, 또는 당일까지 공개되지 않았다. 어떤 방법으로 대진표를 짰는지는 알 수 없으나 적어도 기량이 비슷한 사람끼리 맞붙게 하는 것이 대전제였다고 여겨진다.

드디어 대회 당일. 가장 먼저 이루어지는 것은 팜파(Pampa)라 불리는 일종의 개회식이
다. 릭토르(정부 고관이나 관료의 경호원 겸 지위의 상징. 처형인이기도 했다)와 트럼펫 주
자를 거느리고 대회 주최자가 등장하며, 그에 뒤따르는 게시판에는 이 대회에서 처형될 범
죄자의 내력과 시합의 대진표가 적혀 있었다. 대회의 주역인 검투사들이 등장하는 것은 그
이후이다.

첫 번째 순서는 베나티오(188쪽 참조)이다. 우선 진귀한 동물 퍼레이드가 펼쳐지고, 이
어서 맹수 사냥, 맹수 대 맹수, 투우, 마지막으로 맹수 대 베나토레스(대 맹수 전문 검투사)
의 시합이 거행되었다. 맹수를 이용한 범죄자 처형은 점심 휴게 시간, 또는 그 직전에 실시
한다.

정오의 휴식 시간에는 중요한 범죄자의 처형, 스포츠 경기(복싱과 판크라티온 등을 포
함), 팬터마임 등의 희극이 진행되며, 관중의 기대가 최고조에 달했을 때 만반의 준비를 마
친 검투 시합이 열리게 된다.

검투 시합의 개막을 장식하는 것은 프롤루시오(Prolusio)라 불리는 시합으로서, 진검이
아닌 연습용 목검으로 이루어지는 이른바 식전 공연이다. 그 후 주최자가 무기를 점검하여
부정이 없다고 확인되면 검투 시합 본경기가 시작된다.

첫 시합은 항상 에퀘스(기마 검투사. 202쪽 참조)가 담당한다. 검투사가 입장하면 진행
자는 검투사의 경력을 관중에게 낭독해준다. 그들의 목소리가 들리지 않을 경우를 대비해
경력을 적은 게시판도 준비되었다. 그 후 검투사들에게는 자신의 기술을 선보일 수 있는 퍼
포먼스 시간이 주어진다. 이 퍼포먼스에는 무기 사용법 시연뿐만 아니라 악기 연주나 무기
저글링 등의 기예도 포함되어 있었다.

시합은 주심(Summa rudis)과 부심(Secunda rudis)이 운영하였고, 시합 개시를 알리
는 호른 주자 외에 물 오르간 등으로 구성된 악단이 영화의 배경 음악처럼 시합의 분위기를
고조시켰다. 규칙 자체는 지역·시대에 따라 상당히 달랐으리라 생각된다. 시합이 오래 걸
리는 경우에는 검투사에게 가벼운 식사를 제공하는 소휴식(Diludium)을 가졌다.

어느 한쪽 검투사가 사망 또는 전투 불능, 아니면 항복했을 때 종료되었으며 그 밖에 주
심에 의한 레퍼리스톱도 존재했다. 항복은 방패를 내리고 손가락을 세운 팔(일반적으로 왼
팔)을 들어 올림으로써 이루어진다. 상대의 무기를 빼앗는 것도 반칙이 아니어서, 창과 같
이 붙잡히기 쉬운 무기를 사용하는 검투사는 예비용 단검을 소지하는 것이 기본이었다.

승패가 결정되면 패배한 검투사를 살릴지 죽일지 선택이 이루어진다.

참고로 영화 등에서 흔히 볼 수 있는 사인은 19세기의 추측으로서 실제로 어떤 식의 신
호를 사용했는지는 불명이다. 학자들이 추측하는 '죽음의 선고'는 엄지를 위로 향한다·엄

지를 내려 가슴을 가리킨다 · 손을 편다 · 주먹을 내민다 등이 있으며, '삶의 선고'는 엄지를 아래로 향한다 · 손수건을 흔든다 등이 있다.

죽음의 선고를 받은 검투사는 승자 앞에 무릎 꿇고 그의 무릎을 양팔로 끌어안는다. 그 밖에 땅에 손을 짚거나 등 뒤로 손을 돌리는 자세도 있다. 그 후 승자는 검투사의 목, 드물게는 가슴에 검을 찔러 넣는데 마지막까지 패자는 투구를 쓴 상태이다.

시민들에게 용맹함의 본보기가 되는 모델인 검투사는 죽음의 선고를 용감하게 받아들이기를 기대받았다. 그들이 죽는 모습을 보고 관객이 로마 시민으로서의 바람직한 자세를 배워 위대한 로마를 지탱해간다는 것이 검투사 시합의 대전제이기 때문이다. 그래서인지 '검투사처럼 죽었다'는 비유는 병사에게 최대의 찬사였다.

죽은 자는 그 후 특별한 짐수레에 실려 죽은 자와 장례의 여신 리비티나의 이름을 딴 문을 지나 유체 안치소로 보내진다(흔히 말하는 죽은 사람의 머리를 망치로 내리친다거나, 발뒤꿈치에 갈고리를 박아 질질 끈다는 등의 의식은 범죄자에게만 시행되었다). 여기에서 죽은 자는 '만약을 위해' 다시 한 번 목을 베이고 매장할 준비에 들어간다.

한편 승자는 주최자에게 승리의 증표인 야자 잎과 고액의 상금을 받고 아레나를 돌며 승리를 뽐냈다. 야자 잎 대신 월계관 또는 금속제 관이 수여되는 경우도 있다. 월계관은 공화정 시대부터 제정 초기에 걸쳐 특별히 뛰어난 시합을 선보인 검투사에게만 수여되었고, 금속제 관은 제국 동방에서 나타났다. 또한 특별한 경우에는 목검(Rudis)을 수여했다. 이 검

〔G-1-3〕
폼페이의 낙서에서, 마르쿠스 코미니우스 헤레스가 주최한 검투 시합 모습. 낙서에는 왼쪽의 황실 검투사 양성소 소속 검투사인 프리켑스(13전 10승)가 이기고, 오른쪽 검투사 크레우누스(7전 5승)는 졌지만 목숨을 건졌다고 적혀 있다.

〔G-1-4〕
폼페이의 다른 낙서. 승자는 왼쪽의 황실 검투사 양성소 소속 검투사인 프리스쿠스(6전)이며, 패자인 자유 검투사 헤렌니우스(11전 10승)는 사망했다. 또한 왼쪽 끝에서는 레티아리우스가 주최자로 보이는 단상의 인물에게 무기나 포상을 받고 있는 듯하다.

은 더 이상 싸움은 없다는 의미로서, 검투사의 의무에서 해방되어 자유인이 될 허가를 얻었음을 증명하는 것이었다.

잔학한 스포츠?

우리가 검투 시합에 가지고 있는 이미지는 매우 잔혹하여, 시합을 보는 로마인들을 마치 피에 굶주려 흥분하는 짐승처럼 묘사하는 경우가 많다. 하지만 실상은 그것과 전혀 달랐다.

우선 대전제로, 로마인은 극한까지 단련된 검투사들이 그 정신, 육체와 기술의 극에 달하며 싸우는 모습을 보고 싶어 했던 것이지 사람이 죽는 장면을 보고 싶어 한 것이 아니었다. 그렇지 않고서야 주최자들이 애써 기량이 동등한 검투사끼리 맞붙이려 했을 이유가 없고, 어떻게 여러 번의 패전과 무승부를 거치면서도 살아남은 검투사가 있었는지 설명할 길이 없다. 또한 팬들은 특정한 검투사 타입을 응원하였는데, 이는 그 타입 검투사가 싸우는 방식이 취향에 맞았기 때문으로, 사람이 죽기만 하면 누구든 상관없다는 식의 생각과는 모순된 행동이다.

법적으로도 아우구스투스는 데스매치(구명 기회 없는 검투 시합)를 금지하였고(서기 3세기에는 어느 한쪽이 죽을 때까지 싸우는 시합을 하려면 황제의 허가가 필요해졌다), 그 이후로는 황제가 주최하는 검투 시합이라도 진검이 아니라 날을 세우지 않은 검으로 싸우는 일이 종종 있었다. 사실 진검을 사용한 시합이 연속되는 일은 극히 드물었으며, 보통 축제의 마지막을 장식하는 몇 시합 정도밖에 벌어지지 않았을 가능성이 높다고 한다(5일에 걸쳐 진검 시합을 벌인 주최자를 기리는 비문이 남아 있다).

게다가 몇몇(특히 동방의) 묘지(墓誌)에는 검투사가 '많은 생명을 구했다'라거나 '아무도 상처입히지 않았다' 라고 새겨져 있어, 당시 직업 검투사들 사이에는 '용감하게 싸워 상대에게 치명상을 주지 않고 쓰러뜨리는 것이 최선'이라는 불문율이 존재했던 것으로 추정된다. 어느 학자가 계산한 바에 따르면 서기 1세기의 검투 시합 100회 가운데 죽은 인원은 19명으로서, 시합 중 입은 상처에 의한 사망을 고려하면 전체 생존율은 90%, 패자 생존율은 80%라는 결론이 도출된다고 한다.

하지만 시대가 흐르면서 검투 시합은 점점 잔학해져 검투 시합 여명기와 같은 데스매치가 부활한다. 어림잡아보면 서기 3세기 후반 이후의 검투사 생존율은 75%로 떨어지지만, 그래도 패자의 50%는 생존했다는 계산이 나온다.

검투사의 종류

회화 자료에 검투사가 등장하기 시작하는 것은 공화정 말기이다. 그에 따르면 그들은 방패와 검 외에 폭이 넓은 벨트(Balteus)와 허리옷(Subligaculum), 정강이받이를 착용하고 갑옷은 입지 않았다. 가장 큰 특징은 투구로서 훗날 제정기에 나타나는 안면 전체를 덮는 타입이 아니라 군용 투구를 그대로 가져와 사용하고 있다. 현재의 우리에게 익숙한 검투사의 모습은 제정기, 대략 서기 1~3세기의 자료를 바탕으로 복원된 것이다. 검투사 클래스 대부분은 서기 1세기 전후에 등장하였으며, 이후 새로운 클래스는 그리 늘어나지 않았다.

또한 검투사 클래스에는 격이라 할 만한 대우 차이가 있었다. 서기 2세기의 해몽 기록을 참고로 하면 트라익스와 세쿠토르가 가장 격이 높고, 에퀘스와 프로보카토르가 뒤를 잇는다. 레티아리우스는 그 인기에도 불구하고 에세다리우스와 함께 저변에 위치해 있었다. 맨 밑바닥 검투사는 디마카이루스와 아르벨라스이며 동시에 제일 인기가 없었다고 한다.

검투사 각 클래스는 저마다 독자적인 전법을 가지고 있었다(그들의 싸움법을 '지나치게 교과서적'이라며 비판하는 문장도 남아 있다). 검투사는 특정한 검투사 클래스와 싸우는 경우가 많았는데, 이는 '어느 한쪽이 압도적으로 유리해지지 않도록 한다'는 검투 시합의 대원칙에서 기인한다. 서로의 솜씨를 잘 아는 만큼 더욱 볼 만한 시합이 이루어졌다.

또한 대부분의 검투사는 머리와 손발 등 말단 부위를 엄중히 방어하는 반면 몸통은 그대로 노출하고 있다. 이것은 거리를 두며 손발처럼 노리기 쉬운 부위를 공격하여 전투 능력을 빼앗는 전법을 봉쇄하기 위한 장치이다. 유일한 유효 부위가 몸통이기 때문에 상대에게 육박하여 공격할 수밖에 없으므로, 순간의 방심도 허용되지 않는 긴장감을 연출할 수 있다.

안면 전체를 덮는 타입의 투구는 상대의 표정이 보이지 않도록 함으로써 인간성을 빼앗아, 망설임 없이 싸우게 하는 효과를 가졌다고 전해진다. 그러한 투구 디자인도 시대에 따라 변화하여, 제정 초기의 투구는 차양이 모자의 챙처럼 되어 있었으나 점차 활 모양으로 굽어 서기 3세기에는 육지거북의 등딱지 같은 돔형이 된다.

초기에는 군용 글라디우스(칼날 길이 50~60cm)가 쓰이다가, 서기 1세기 중반이 되면 칼날 길이 30cm가량의 대거가 일반적이 된다. 그 후 2, 3세기에는 긴 검을 사용하는 검투사가 나타난다. 이 검투사는 장검투사(Sphatarii)라고 불렸다.

검투사의 묘비문

여기에서는 검투사의 묘비 가운데 흥미로운 것을 몇 가지 골라, 그들이 살던 세계의 일부를 살짝 엿보도록 하자.

필리포폴리스의 빅토르의 묘비

고인의 죽음을 친구 검투사가 복수한 보기 드문 예.

빅토르. 테살로니키 출신 왼손잡이 검투사, 여기 잠들다.
나를 죽인 이는 운명의 여신이며, 그 사기꾼 핀나스가 아니다. 그러나 이제 그 녀석이 허풍을 떠는 일은 없으리라. 왜냐하면 나의 벗 폴리니케스가 그 핀나스의 목숨을 끊었으므로.
빅토르의 유산으로, 클라우디우스 탈루스가 이 묘비 제작을 감독하였다.

디오도루스

검투사가 일단 승리했는데도 상대를 죽이기를 주저하다가 심판이 시합을 속행시켜 결과적으로 패해 죽은 예. 설립자는 대전 상대 데메트리우스인지도 모른다.

여기 잠든 이는 불운한 승자 디오도루스. 대전 상대 데메트리우스를 쓰러뜨렸음에도 즉시 죽이지 않았다. 그리하여 가차 없는 운명과 교활한 주심의 술수에 빠져 나는 이 세상을 떠나 명계로 향한다.
이제 나는 좋은 벗의 손을 빌려 고향 땅에 잠드노라.

타소스의 아이아스

지금 여기 있는 나는 로크리스의 아이아스(호메로스의 서사시에 등장하는 영웅, 소(小) 아이아스)도 텔라몬의 아들(동 서사시에 등장하는 영웅, 대(大) 아이아스)도 아니다. 나는 그저 아레나에서 많은 목숨을 구했으며, 상대 또한 나와 같이 해주리라 믿고 싸워왔던 자에 불과하다.

나의 죽음으로 비난받을 이는 없다. 모두 나의 책임이니. 그 연후에 나의 친애하는 아내가 나를 이 성스러운 타소스의 평원에 잠들게 해주었다.

남편 아이아스를 기억하고자 아내 칼리게니아가 건립한다.

밀라노의 우르비쿠스

상대를 동정한 탓에 살해당한 검투사, 서기 3세기 중반.

불사의 그림자에.

우르비쿠스. 피렌체 출신 세쿠토르 제1랭크. 전적 13전. 향년 22세. 5개월 된 딸 올림피아스와 또 다른 딸 포르투넨시스, 그리고 그와 7년을 함께 산 아내 라우리키아가 이 묘비를 건립한다.

또한 나는 쓰러뜨린 상대는 즉각 죽일 것을 충고하는 바이다.

후원자들은 그의 영혼을 칭송하리라.

안다바타
Andabata

장비 : 눈가리개 달린 투구, 갑옷?

대전 상대 : 안다바타.	활동 시기 : 공화정 시대.

　검투사들 중에서도 가장 이색적인 타입. 시각을 완전히 차단하는 투구를 쓰고 청각과 관객의 목소리에 의지하여 상대와 싸운다. 그들의 싸움은 마치 목숨을 건 수박 깨기 같았을 것이다. 독립된 검투사 클래스가 아니라 눈가리개 달린 투구를 쓴 검투사를 가리켰던 것으로도 추측된다.

유일한 검투사 시합 묘사

　모자이크와 부조, 가지각색의 소상과 토산물 등에 검투사가 등장하는 데도 불구하고, 실제 검투사 간의 시합을 묘사한 문장은 서기 1세기의 마르틸리아누스가 남긴 것뿐이다. 그가 묘사하고 있는 것은 서기 80년 플라비우스 원형 투기장(콜로세움) 낙성식전의 첫 번째 날에 벌어진 검투사 프리스쿠스(켈트인 검투사)와 베루스의 시합이다.

　　프리스쿠스와 베루스의 싸움은 이와 같이 오래 걸렸다.
　　왜냐하면 그들의 실력이 비슷했기 때문이다.
　　몇 번이나 그들을 살리라는 함성이 올랐으나,
　　티투스 황제는 자신의 결정을 따랐다.
　　그것은 방패가 없다 해도 손가락을 들어 항복 의사를 표할 때까지 시합을 속행시키는 것.
　　그래도 황제는 할 수 있는 일을 했다. 여러 차례 식사와 선물을 하사한 것이다.
　　그리고 마침내 시합은 무승부로 마무리된다.
　　대등하게 싸워 동시에 항복하였다.
　　티투스는 목검과 야자 잎을 두 사람에게 내린다.
　　이리하여 훌륭한 무용은 함께 보답받았다.
　　이만한 사건은 지금까지 없던 일. 카이사르(폐하)여.
　　두 사람이 싸워, 두 사람이 승리를 쟁취하다니.

검투사 2

아르벨라스
Arbelas

장비 :	투구, 미늘갑옷 또는 사슬갑옷, 마니카(팔 보호대), 짧은 정강이받이, 단검 또는 대거(또는 시카), 특수 무기.	
대전 상대 : 레티아리우스, 아르벨라스.		활동 시기 : 기원전 1세기?~서기 2, 3세기.

제국 동방의 검투사 클래스로서, 공화정 말기에 '가위'라 불리던 검투사 또는 그 발전형으로 여겨진다. 명칭의 유래는 아르벨로스(구두장이가 사용하는 반원형 나이프)라고 일컬어지며, 디마카이루스와 더불어 가장 민첩한 검투사였다.

무기는 오른손의 검 또는 대거와 왼손에 끼운 특수한 형태의 무기. 이 무기는 팔을 꽂아 넣는 통형 본체 끝에 반원형 날붙이를 장착한 것으로, 날은 양면이 예리하게 갈려 있어 상대를 낚아채 그대로 벨 수 있었다.

방패를 장비하지 않아 갑옷 착용이 허용된 몇 안 되는 검투사 클래스 중 하나였다.

아르벨라스 복원도.

서기 3세기의 아르벨라스. 하단에서는 파손된 것인지 특수 무기가 버려져 있다.

전법

아르벨라스는 스피드를 이용한 공격적인 전투법을 사용한다. 몸 좌측을 앞으로 내밀고 왼팔의 무기를 방패 삼아 상대의 공격을 막으며, 오른손의 단검으로 적을 찌르는 것이 기본적인 전법이었을 것이다.

대 아르벨라스전

아르벨라스는 갑옷을 입고 있어 단검으로 베어도 효과가 적으므로, 단숨에 거리를 좁혀 갑옷과 정강이받이로 보호되지 않는 넓적다리나 목을 노릴 필요가 있다.

왼팔의 무기는 내밀어 베는 것뿐 아니라 낚아채 찢는 것도 가능하므로, 첫 일격이 빗나가도 곧바로 이어서 다른 쪽을 공격할 수 있다.

상대의 무기 자체를 잡아채는 것도 가능하다. 반원형 날끼리 걸어 끌어당김으로써 상대의 균형을 무너뜨린다.

왼쪽 아래팔이 철제 원통에 들어가 있기 때문에, 왼손의 무기는 상대의 무기를 쳐내는 데 이상적이다.

대 레티아리우스전

거리를 좁히는 것이 대전제가 된다. 일단 거리를 좁히면 양손에 무기를 가진 아르벨라스가 압도적으로 유리해지기 때문이다.

그물은 아르벨라스에게 최대의 적이라 할 수 있다. 왼손의 무기로 그물을 찢기는 매우 어렵고 시간이 소요되어 효율적이지 않은 데다, 무기가 그물에 걸려 간단히 빼낼 수도 없다. 레티아리우스는 단순히 왼손의 무기에 그물을 걸친 뒤 손을 놓으면 상대의 무기를 무효화하는 동시에 움직임도 둔화시킬 수 있다. 아르벨라스 입장에서는 무기를 버리면 몸은 가벼워질 수 있지만, 압도적으로 불리한 상황에 처하게 된다.

검투사 3

크루펠라리우스
Crupellarius

장비 : 투구, 갑옷, 마니카(양팔), 정강이받이(양다리).	
대전 상대 : 불명.	활동 시기 : 제정 시대.

타키투스의 저작에만 등장하는 초중량급 검투사. 그에 의하면 '출신 부족의 풍습에 따라 전신을 강철로 감싸며', '공격력은 낮지만 온갖 공격을 무효화한다'고 쓰어 있다. 그가 말하는 출신 부족이란 갈리아(현 프랑스)의 아이두이족으로서, 그들이 서기 21년 반란을 일으켰을 때는 군단병이 도끼와 곡괭이를 사용하여 갑옷을 깨부술 필요가 있었다고 한다.

이처럼 전신을 갑옷과 투구로 뒤덮은 크루펠라리우스는 모든 클래스 가운데 가장 중무장한 검투사였으나, 확실히 이것이라고 단정할 만한 회화 자료는 아직 발견되지 않고 있다.

크루펠라리우스
추정 복원도.

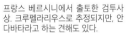

프랑스 베르시니에서 출토한 검투사
상. 크루펠라리우스로 추정되지만, 안
다바타라고 하는 견해도 있다.

디마카이루스
Dimachaerus

장비 :	투구, 사슬갑옷?, 짧은 정강이받이, 마니카?, 단검 또는 대거, 시카.	
대전 상대 : 불명.		활동 시기 : 서기 2~3세기.

    그리스어로 '두 개의 칼'이라는 의미의 이도류로 싸우는 경량급 검투사. '방패를 장비하지 않는 검투사' 전반을 가리킨다는 설도 있다. 자료가 매우 적어 복원은 어려우나, 방패를 들지 않으므로 갑옷을 착용했으리라 추측된다. 마니카가 필수적일 것으로 여겨지지만 현존하는 유일한 부조에서는 마니카를 장비하지 않고 있다.

디마카이루스 추정 복원도.

현재 발견된 가운데 유일하게
디마카이루스를 묘사한 부조.

전법

    풋워크가 생명이다. 특히 로마의 검은 검을 이용한 방어를 고려하지 않고 제작되어 날밑이 없으므로, 상대의 공격에 손가락을 다칠 위험이 있기 때문에 방어의 기본은 적의 공격을 피하는 것이다.

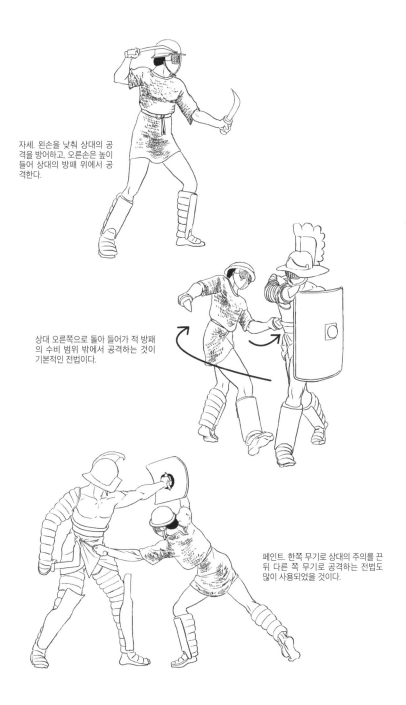

자세. 왼손을 낮춰 상대의 공격을 방어하고, 오른손은 높이 들어 상대의 방패 위에서 공격한다.

상대 오른쪽으로 돌아 들어가 적 방패의 수비 범위 밖에서 공격하는 것이 기본적인 전법이다.

페인트. 한쪽 무기로 상대의 주의를 끈 뒤 다른 쪽 무기로 공격하는 전법도 많이 사용되었을 것이다.

에퀘스
Eques

장비 :	투구, 방패, 마니카(오른팔), 미늘갑옷(초기 한정), 창, 검.	
대전 상대 : 에퀘스.		활동 시기 : 기원전 1세기~서기 4세기.

'기마 전사'라는 이름을 가진 중량급 검투사. 그 이름대로 마상에서 싸우는 검투사로, 회화 기록을 보면 말을 타고 입장하여 그대로 창을 쥐고 싸운 뒤 말에서 내려 검으로 싸운 듯하다.

그 날의 검투 시합 본경기 중 첫 번째로 싸우는 것이 그들의 역할로서, 그에 어울리는 화려한 싸움을 선보였을 것으로 생각된다.

투구에는 측면에 깃털을 세우지만 볏장식은 없다. 또한 초기의 에퀘스는 미늘갑옷을 입었으나, 나중에는 튜닉만 입게 된다. 방패는 '기병 방패(Parma Equestris)'라 불리는 지름 60cm가량의 원형 방패.

창은 길이 2~2.5m 정도이며 나뭇잎 모양 창끝이 달려 있다. 검은 군용 글라디우스로 다른 검투사보다 길다.

서기 3세기의 부조를 바탕으로 한 제정 시대 에퀘스의 복원도.

초기 에퀘스의 추정 복원도.

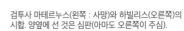

검투사 마테르누스(왼쪽 : 사망)와 하빌리스(오른쪽)의 시합. 양옆에 선 것은 심판(아마도 오른쪽이 주심).

전법

● 기마전 :

마상에서의 싸움은 어떻게 창을 상대에게 겨누면서 자신의 몸을 방어할지에 달려 있다. 언뜻 간단해 보이지만 심하게 흔들리는 말 위에서 양손을 적절히 움직이려면 집중력과

기술이 필요하다. 등자가 없던 고대에 는 계속해서 흔들리는 통나무에 걸터앉 은 상태나 다름없었기에, 단순히 말의 등에 앉아 있는 것만 해도 상당한 숙련 을 요했다.

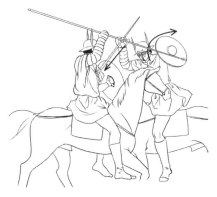

가급적 화려한 싸움을 선보이기 위해 아레나를 구석까지 활용하며 정면 돌격을 반복하는 식으로 싸웠으리라 추측된다. 창은 어깨 위에 걸쳐 잡고 상대의 방패 위를 겨눈다. 방패는 가능한 한 똑바로 내밀고 있다가, 창이 방패에 명중하면 방패로 창끝을 쳐내 방어했을 것이다.

● 도보전 :

에퀘스의 방패는 작은 원형 방패이기 때문에 일반적인 방패보다 기동력이 우수하다. 방어는 단순히 몸 앞에 대고 몸을 가리는 것이 아니라, 보다 적극적으로 상대의 무기를 쳐내거나 상대의 몸에 밀어붙여 무효화하는 등 다양한 용법이 있었다.

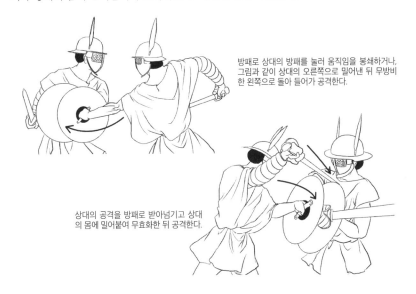

방패로 상대의 방패를 눌러 움직임을 봉쇄하거나, 그림과 같이 상대의 오른쪽으로 밀어낸 뒤 무방비한 왼쪽으로 돌아 들어가 공격한다.

상대의 공격을 방패로 받아넘기고 상대의 몸에 밀어붙여 무효화한 뒤 공격한다.

에세다리우스
Essedarius

장비 :	투구, 마니카(오른팔), 타원형 또는 원형 방패, 단검 또는 대거.

대전 상대 : 에세다리우스.	활동 시기 : 서기 1세기~서기 3세기.

'전차 투사'라는 의미로서, 전차를 타고 싸웠으리라 여겨진다. 그러나 회화 기록 등에서는 항상 걸어 다니며 싸우고 있기 때문에, 입장 시에만 전차를 타고 있다가 시합 개시와 함께 내려서 싸웠거나 시대가 흐르면서 전차를 사용하지 않게 된 것으로 보인다.

에세다리우스 추정 복원도.

에세다리우스.

전법

● 전차전 :

만약 전차를 타고 싸운다면 단검만으로는 리치가 너무 짧기 때문에 창이나 투창이 필요
해진다. 아레나의 규모에 따라서 달라지는 면도 있겠으나 대부분의 아레나는 전차가 전
속력으로 기동하기에는 지나치게 좁은 데다, 보기에 좋도록 화려하게 꾸며진 전차로는
속도를 올렸을 때 말의 부담이 너무 커진다. 따라서 천천히 이동하며 엇갈려 지나가거
나 두 대가 나란히 달리면서 싸웠을 것으로 추정된다.

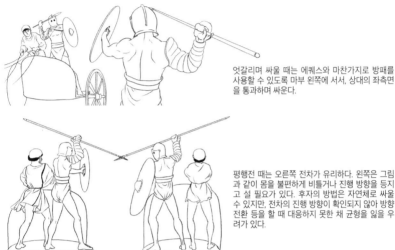

엇갈리며 싸울 때는 에퀘스와 마찬가지로 방패를
사용할 수 있도록 마부 왼쪽에 서서, 상대의 좌측면
을 통과하며 싸운다.

평행전 때는 오른쪽 전차가 유리하다. 왼쪽은 그림
과 같이 몸을 불편하게 비틀거나 진행 방향을 등지
고 설 필요가 있다. 후자의 방법은 자연체로 싸울
수 있지만, 전차의 진행 방향이 확인되지 않아 방향
전환 등을 할 때 대응하지 못한 채 균형을 잃을 우
려가 있다.

● 도보전 :

지면에 서서 싸울 때는 에퀘스와 다를
바 없다. 다만 부조의 투구 묘사가 올바
르다면 후두부까지 덮는 투구 탓에 자
세를 앞으로 기울이지 못하고, 동체를
똑바로 세운 채 싸워야 했을 것이다.

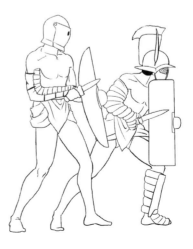

에세다리우스와 미르밀로의 자세 비교. 앞으로 기운 자세
로 앞발에 체중을 싣는 미르밀로와 달리, 에세다리우스는
뒷발에 체중을 싣거나 양발에 균등하게 싣는다. 전자는 후
퇴하기 용이한 방어 자세, 후자는 공수의 균형이 잡힌 자
세라고 일컬어진다.

갈루스
Gallus

장비 : 투구, 스쿠툼, 정강이받이, 검 또는 단검.	
대전 상대 : 불명.	활동 시기 : 기원전 1세기 중반까지.

공화정 시대 초기에 등장한 검투사로서 갈리아인을 모델로 삼고 있다. 그들의 외견에 관하여 알 수 있는 자료는 남아 있지 않으나, 아마도 스쿠툼, 검 또는 단검, 정강이받이와 투구를 장비했던 것으로 추측된다. 서기 1세기 중반 미르밀로와 교대하듯 기록에서 모습을 감추었기 때문에 미르밀로의 원형이라고 여겨진다.

초기 갈루스의 추정 복원도.

검투사 8

호플로마쿠스
Hoplomachus, Oplomachus

장비 : 투구, 소형 둥근 방패, 마니카(오른팔), 양다리에 긴 정강이받이, 창, 단검 또는 대거.	
대전 상대 : 미르밀로, 트라익스.	활동 시기 : 공화정 시대 후반부터.

매우 인기 있던 중(重)·중(中)량급 검투사로, 그리스의 중장보병 호플리타이를 기반으로 하고 있다. 소형 둥근 방패와 창, 단검 또는 대거를 장비하고 싸운다. 방패는 지름 50~30cm가량의 청동제 접시형이었으며, 볼(bowl)을 닮은 반구형도 나타났다. 가죽끈으로 팔에 동여매는 것 외에 손잡이를 잡고 드는 타입도 있었다.

소형 방패는 수비 범위가 좁아 하반신이 쉽게 노출된다. 그래서 대형 정강이받이 및 마니카와 같은 리넨제 다리 보호대를 착용했다.

제국 동방에서는 미르밀로와의 대전이 일반적이고 대 트라익스전은 자주 열리지 않았으나, 서방에서는 대 트라익스전이 더 인기가 많았다.

호플로마쿠스.
서기 2세기의 모자이크.

호플로마쿠스.
이집트 혹은 시리아산 컵.
서기 1~3세기.

서기 2~3세기 호플로마쿠스의 추정 복원도. 제정 시대 중후기의 투구는 바이저가 돔형이 되어 상자 같은 느낌이다.

폼페이의 낙서에서, 검투사 미리니우스 율리아누스. 전력 31전.

폼페이의 낙서에서. 호플로마쿠스 대 미르밀로.

전법

　　방패가 볼록할수록 적의 무기가 방패 표면을 미끄러져 이쪽으로 향해 오기 쉬우므로, 공격을 튕겨 낼 수 있는 방향으로 방패를 움직일 필요가 있다. 주무기는 창으로서 어떻게 적과의 거리를 유지하느냐가 포인트이기 때문에, 일반적인 중량급 검투사보다 기민한 풋워크가 요구된다. 중량급과 경량급 검투사 양쪽의 전법을 도입하여 싸워야 하는 것이다.

방패의 크기와 잡는 법에 따라 전법도 달라진다. 소형 방패의 경우 중세의 버클러처럼 앞으로 내미는 자세를 취하고, 상대의 공격을 막아내는 것이 아니라 쳐내는 식으로 사용한다. 중형 방패의 경우에는 방패를 몸 가까이 붙이고 그다지 움직이지 않는다. 대부분의 회화 자료에서 창은 오버핸드(어깨 위에 짊어지듯 잡는 법)로 겨누고 있다. 이는 방패 위아래를 통해 상대의 얼굴이나 가슴, 발을 공격하기에 적합하다.

검투사 9

미르밀로
Myrmillo

장비 :	투구, 짧은 정강이받이(왼 다리), 마니카(오른팔), 스쿠툼, 검 또는 단검 또는 대거.	
대전 상대 : 트라익스.		활동 시기 : 기원전 1세기 중반부터.

갈루스의 발전형 또는 갈루스에서 이름이 바뀐 중량급 검투사. 미르밀로라는 이름은 바닷물고기 모르미루스에서 기원한 것으로, 레티아리우스(어부)의 대전 상대로서 탄생했다는 설이 유명하다. 실제로 미르밀로의 투구 중에는 물고기를 본뜬 볏장식이 달린 것도 있으나, 미르밀로는 레티아리우스 등장 전에 이미 존재하고 있던 데다 레티아리우스의 실제 대전 상대는 세쿠토르였으므로 위의 설은 틀렸다고 할 수 있다. 다른 설에서는 투구의 모양과 방패가 무렉스(소라)를 연상시키기 때문이라고도 한다.

미르밀로의 방패는 로마 군단병이 사용하던 스쿠툼과 동형으로 턱에서 무릎까지를 커버한다.

가장 인기 있던 검투사 타입이며 주로 트라익스와 대전하였다.

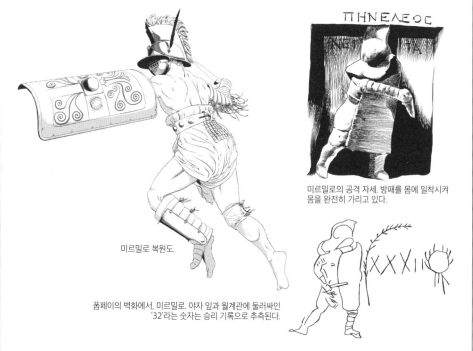

미르밀로의 공격 자세. 방패를 몸에 밀착시켜 몸을 완전히 가리고 있다.

미르밀로 복원도.

폼페이의 벽화에서, 미르밀로. 야자 잎과 월계관에 둘러싸인 '32'라는 숫자는 승리 기록으로 추측된다.

전법

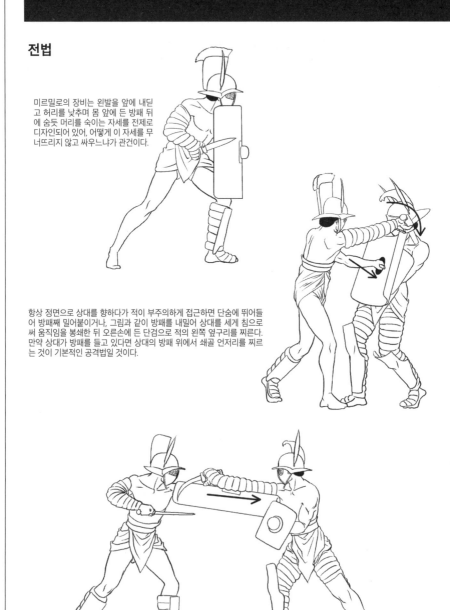

미르밀로의 장비는 왼발을 앞에 내딛고 허리를 낮추며 몸 앞에 든 방패 뒤에 숨듯 머리를 숙이는 자세를 전제로 디자인되어 있어, 어떻게 이 자세를 무너뜨리지 않고 싸우느냐가 관건이다.

항상 정면으로 상대를 향하다가 적이 부주의하게 접근하면 단숨에 뛰어들어 방패째 밀어붙이거나, 그림과 같이 방패를 내밀어 상대를 세게 침으로써 움직임을 봉쇄한 뒤 오른손에 든 단검으로 적의 왼쪽 옆구리를 찌른다. 만약 상대가 방패를 들고 있다면 상대의 방패 위에서 쇄골 언저리를 찌르는 것이 기본적인 공격법일 것이다.

방패는 방어뿐만 아니라 공격에도 이용 가능하다. 회화 자료 등에는 방패를 수평으로 들고 하단으로 상대를 타격하는 모습이 묘사되어 있다. 단순히 방패 정면으로 때리는 것보다 리치가 길고 위력도 높지만, 상대가 아래로 파고들어오면 텅 빈 복부를 공격당하게 된다. 한편 그림과 같이 상대의 오른쪽 겨드랑이 아래를 방패로 찌르면 잠깐 동안이지만 상대의 움직임을 봉쇄할 수 있다. 또한 일부러 틈을 보여 상대를 유인한 뒤 전광석화처럼 카운터를 날리는 전법도 많이 사용되었을 것으로 생각된다.

검투사 10

파이그니아리우스
Paegniarius

장비 : 패드가 들어간 모자, 중(重)마니카(왼팔), 각반(양다리), 봉, 채찍.

대전 상대 : 파이그니아리우스.	활동 시기 : 서기 1~3세기.

　본경기 사이의 휴식 시간, 특히 정오의 휴게 시간에 봉과 채찍으로 싸워 관객을 즐겁게 해준 희극 검투사. 콤모두스 시대(서기 180~192년)에 특히 인기가 많았다.

파이그니아리우스. 서기 3세기의 모자이크.

프로보카토르
Provocator

장비 : 마니카(오른팔), 정강이받이(왼 다리), 가슴 보호대, 스쿠툼, 단검 또는 대거.	
대전 상대 : 프로보카토르.	활동 시기 : 공화정 시대 후기부터.

　프로보카토르라는 이름은 시민에게 구명 또는 재심을 청원할 권리(Provocatio ad populum)를 가리키는 공화정 시대의 법률 용어에서 유래하였다. 관중에게 구명 탄원을 받아내기 위해 용감하게 싸운 사형수와 전쟁 포로가 그 기원이라고 일컬어지며, 그것이 맞다면 가장 오래된 검투사 클래스 중 하나일 것이다.

　가장 큰 특징은 가슴 보호대(Cardiophylax)로, 초기형은 가슴 전체를 덮다가 시간이 흘러 가슴 상반부만을 덮는 초승달형이 된다. 주로 청동판이나 철판 한 장으로 제작되지만 미늘 형식도 존재했다. 투구에 볏장식은 없고 측면에 깃털을 꽂는 경우가 있다.

　방패는 미르밀로와 같은 스쿠툼이지만 정강이받이의 크기로 보아 미르밀로의 것보다 조금 소형이 아니었을까 추측된다.

프로보카토르 복원도.
아래는 서기 1세기 전후, 위는 서기 2, 3세기 이후.

공화정 시대의 프로보카토르.

제정 시대의 프로보카토르.

전법

프로보카토르는 언제나 같은 프로보카토르와 대전하므로, 그 전법
은 어떻게 아래쪽에서 적을 공격하느냐로 좁혀진다. 투구와 가슴 보
호대 탓에 다른 검투사처럼 방패 위를 넘어 목이나 가슴을 노리는
전법은 의미가 없기 때문이다. 따라서 늘 검을 낮게 잡고 방패 뒤에
숨어 신중하게 적의 빈틈을 기다리게 된다. 아마도 상대 왼쪽으로
돌아 들어가 자기 방패의 수비 범위를 최대한 활용하면서, 상대의
방패 왼쪽 공간을 통해 옆구리를 공격했을 것이다. 오른쪽으로 돌아
들어가는 경우라면 상대의 우측면에 파고들어 방패로 상대의 오른
팔을 누르는 등의 전법을 생각할 수 있다.

레티아리우스
Retiarius

장비 :	마니카(왼팔), 갈레루스(왼쪽 어깨), 그물, 삼지창, 대거 또는 콰드렌스.	
대전 상대 :	세쿠토르, 미르밀로(세쿠토르 탄생 전?), 아르벨라스(?).	활동 시기 : 서기 1세기 전반부터.

아마도 현재와 과거를 통틀어 가장 유명하고 구별하기 쉬운 검투사일 것이다. 어원은 '그물(Rete)'로서 어부를 본뜬 것이라 일컬어진다. 서기 1세기 후반 등장한 이래 검투 시합이 폐지될 때까지 인기를 누렸다. 서기 30년의 수에토니우스에 따르면 5 대 5 단체전에서 레티아리우스 한 사람이 적 다섯 명을 물리친 기록도 남아 있다고 하니, 최강 검투사의 한 축을 이루던 클래스라고 할 수 있겠다.

주무기는 삼지창(Fuscina)으로 어구(漁具)와 달리 갈고리가 달려 있지 않다. 에페소스에서 출토된 것은 창끝 간격이 약 5cm이며 가운데 창끝이 조금 길게 뻗어 있다(21.6cm). 보조무기로는 그물과 대거를 지닌다. 기본적으로 상반신 알몸이지만, 오른쪽 어깨를 노출한 튜닉을 걸치기도 한다.

왼쪽 어깨에 장착하는 갈레루스(Galerus)라는 어깨 보호대는 청동제로서 크고 네모난 돌출판을 가지고 있다. 이 돌출판은 어깨에서 12~13cm 튀어나와, 간이 방패로서 얼굴을 보호하는 역할을 한다. 서기 2~3세기 무렵에 접어들자 제국 동방에서는 갈레루스 대신 왼팔에서 어깨, 가슴 일부를 덮는 금속제 마니카를 착용하기도 하였다.

왼손에 드는 그물도 레티아리우스를 대표하는 장비 가운데 하나이다. 그러나 회화 자료에서는 그물을 가지고 있지 않은 레티아리우스 묘사가 더 많은 데다, 상대에게 그물을 던진 상태의 묘사는 거의 발견되지 않고 있어 애초에 그물을 지니지 않고 싸우는 경우가 많았던 것이 아닌가 하는 견해도 있다.

한편 대거 대용으로 4개의 스파이크를 꽂아 넣은 콰드렌스라는 무기를 사용하기도 하였다.

레티아리우스(안쪽)와 라퀘라리우스의 추정 복원도. 라퀘라리우스가 대거 대신 들고 있는 것이 콰드렌스라 불리는 특수 무기.

세쿠토르 대 레티아리우스는 당시 가장 흔히 볼 수 있던 대진이었다. 또한 양옆으로 판자를 걸친 대(다리 Pons) 위에 레티아리우스가 투석용 돌을 가지고 서서, 양쪽에서 올라오는 세쿠토르 두 사람을 상대하는 특별한 시합 형식도 나타났다.

레티아리우스의 아종이라고 여겨지는 검투사로 라퀘라리우스(Laquerarius)가 있다. 하지만 그들에 관해서는 거의 알려지지 않았다. 창과 올가미를 사용했다고 추측되지만, 라퀘라리우스를 묘사한 듯한 부조에서는 채찍과 창을 들고 있다.

폼페이의 낙서. 레티아리우스 대부분은 그물을 들지 않은 모습으로 그려져 있다.

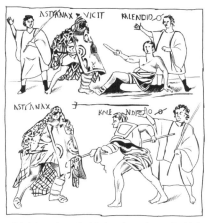

폼페이의 낙서에서, 레티아리우스와 세쿠토르. 방패를 떨어뜨린 세쿠토르가 당장에라도 패배할 듯하다. 레티아리우스의 그물은 어디에서도 찾아볼 수 없어, 처음부터 그물을 지니지 않은 것이 아닌가 추측된다.

레티아리우스가 그물을 사용하고 있는 보기 드문 예. 위아래 모두 아스티아낙스(세쿠토르)와 칼렌디오(레티아리우스) 간의 싸움을 묘사하고 있다(아래에서 위로 본다). 튜닉 옷자락을 팔에 둘러 감은 듯 보이는 왼팔의 마니카도 흥미롭다. 칼렌디오의 이름에 붙여진 φ 기호는 그가 패해 죽었음을 나타낸다.

다리 위에서 싸우는 검투사 스코르푸스. 서기 2세기 전반.

전법

스피드와 민첩성을 무기로 늘 공격에 나서 상대를 압도하는 것이 기본적인 전법. 삼지창과 그물 등 리치가 긴 무기가 많으므로 상대의 리치 밖에서 공격할 수 있다. 그러나 일단 수세에 몰리면 매우 취약했을 것이다.

좌반신을 앞으로 내밀고 갈레루스로 얼굴 아랫부분을 보호하는 자세가 가장 일반적이다. 창끝이 무거워 한 손으로 잡는 경우 삼지창의 리치는 의외일 만큼 짧은 데다 방어구다운 방어구도 없기 때문에, 리치가 짧은 대거는 심리적 위안 정도밖에 되지 않는다.

영화 등에서는 그물을 던지는 것이 기본 전법으로 나오지만, 그러기 위해서는 그물을 일단 오른손에 가져와야 하는데 그 사이에는 삼지창을 사용할 수 없다. 따라서 아마 왼팔을 내린 상태로 자세를 잡고, 상대의 무기를 왼팔과 그물로 쳐내 움직임을 빼앗는 식으로 사용하다가 상대가 빈틈을 보이면 그물을 던졌으리라 여겨진다. 이 전법은 무기가 그물에 걸리기 쉬운 아르벨라스를 상대할 때 특히 효과적이었을 것이다.

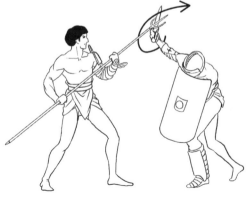

양손으로 삼지창을 잡는 경우도 많았다. 삼지창을 양손으로 사용하면 위력이 강할 뿐만 아니라, 재빨리 목표를 바꾸거나 연속해서 찌를 수도 있다. 게다가 창끝 사이에 상대의 무기를 끼워 넣고 비틀어 빼앗거나 상대의 움직임을 봉쇄하는 것도 가능하다.

검투사 13

사기타리우스
Sagittarius

장비 : 투구, 갑옷(미늘?), 활.

대전 상대 : 사기타리우스.	활동 시기 : 불명.

　'사수(射手)'라는 이름대로 활을 이용하여 싸우는 검투사. 관객이 화살을 맞지 않도록 궁리할 필요가 있었다.

사기타리우스를 표현한 부조.

삼니스
Samnis

장비 : 투구, 갑옷?, 타원형 또는 사각형 방패, 정강이받이(왼 다리), 검 또는 단검, 투창?	
대전 상대 : 삼니스, 그 외.	활동 시기 : 기원전 4세기 후반~서기 1세기 중반.

공화정 시대에만 나타나는 중량급 검투사. 당시 로마 최대의 적이던 삼니움족을 모델로 삼았으며 최초의 기록은 기원전 308년의 것이다. 당시 가장 인기 있던 검투사라고 일컬어 지나 자세한 사항은 불명이다. 어느 부조를 근거로 들며, 투창을 사용했을 가능성도 제기되 고 있다.

가장 초기 형태 삼니스의 추정 복원도.
여기에서는 투창을 사용했다고 가정했다.

검투사 15

세쿠토르
Secutor

장비 : 투구, 마니카(오른팔), 짧은 정강이받이(왼 다리), 스쿠툼, 단검 또는 대거.

대전 상대 : 레티아리우스.	활동 시기 : 서기 1세기 초부터.

'추격자'라는 이름을 가졌으며 '대 레티아리우스 검투사(Contraretiarius)'라고도 일컬어지던 레티아리우스전에 특화된 검투사. 미르밀로를 원형으로 발전했다고 전해지는데 그 장비도 투구 디자인 이외에는 동일하다. 서기 30년경 최초의 기록이 등장한다.

최대의 특징인 투구는 장식이 없이 매끄럽고, 두 개의 작은 눈구멍과 호를 그리는 볏장식을 가졌다. 눈구멍은 레티아리우스의 삼지창이 미끄러져 들어가지 않게 고안된 것이며, 매끄러운 곡선과 볏장식은 그물이나 삼지창에 걸리지 않도록 막아준다. 볏장식 디자인은 특히 중요해서 삼지창 사이에 끼어 목을 다치는 것을 방지하는 구조로 되어 있다(어쩌면 레티아리우스가 이 전법을 취하기 시작한 것이 세쿠토르 탄생의 계기인지도 모른다).

세쿠토르 복원도.
서기 3세기.

일반적인 볏장식은 삼지창에 끼어 목을 다치게 된다. 세쿠토르의 볏장식은 이를 방지하도록 특별히 설계되어 있다.

전법

'추격자'라는 이름처럼 세쿠토르의 기본 전술은 레티아리우스를 몰아넣고 그 품에 뛰어드는 것이다. 일단 파고들면 무장이 가벼운 레티아리우스는 세쿠토르의 상대가 되지 않는다.

그 목적을 달성하기 위해 세쿠토르는 방패를 정면에 들고 머리를 방패 뒤에 숨기는 전통적인 자세를 유지하며 상대를 몰아간다. 공격은 최후의 순간까지 하지 않은 채 상대 품속에 들어갈 때까지 방어에 전념했다고 추측된다. 이처럼 방어 주체인 세쿠토르와 공격 주체인 레티아리우스의 대비와 전략성이 그들의 시합을 인기 있게 만들어 준 요인일 것이다.

219

트라익스
Thraex

장비 : 투구, 마니카(오른팔), 긴 정강이받이(양다리), 소형 방패, 시카.	
대전 상대 : 미르밀로, 호플로마쿠스.	활동 시기 : 기원전 1세기 초부터.

　기원전 1세기 전반에 나타난 중량급 검투사. 미트리다테스 전쟁 때 포로가 된 트라키아인 병사가 기원이라고 하며, 제정 시대에 가장 인기 있던 검투사 클래스 중 하나이다.

　호플로마쿠스와 장비가 매우 비슷하여 자주 혼동된다(차이점은 무기, 투구의 세세한 디자인과 방패). 투구는 볏장식으로 오리엔탈적 인상을 주는 복수의 신 네메시스의 성수 그리폰을 본뜨고 깃털 장식을 덧붙였으며 말총은 사용하지 않았다. 방패는 팔무라(Palmura)라 불리는 것으로서, 55×60cm가량의 정사각형에 가까운 판을 반원통형으로 구부린 소형 방패이다.

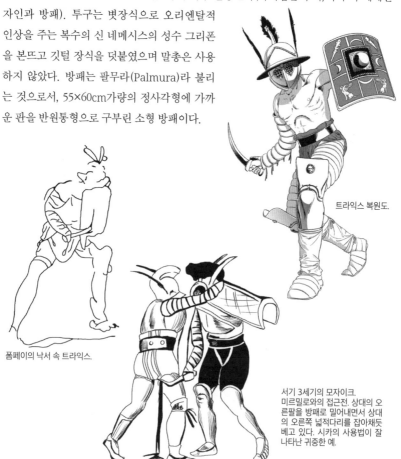

트라익스 복원도.

폼페이의 낙서 속 트라익스.

서기 3세기의 모자이크.
미르밀로와의 접근전. 상대의 오른팔을 방패로 밀어내면서 상대의 오른쪽 넓적다리를 잡아채듯 베고 있다. 시카의 사용법이 잘 나타난 귀중한 예.

가장 큰 특징은 시카라 불리는 무기이
다. 트라키아의 전통 무기를 모델로 삼기는
하였으나, 오리지널 시카가 도신이 칼날 쪽
으로 휜 외날인 데 비해, 트라익스의 시카
는 순방향으로 휘어져 있다. 초기의 시카는
균일한 곡선을 그리다가 나중에는 커브가
급해져 '〈' 모양이 된다.

호플로마쿠스와의 싸움.
방패 위로 돌아 들어가듯 찔러 넣어 베고 있다.

전법

다루기 편한 소형 방패와 시카를 이용하여 트라익스는 매우 유연한 전법으로 싸운다. 방
패는 수비 면적이 좁고 크게 굽어 있으므로 상대의 공격을 막아내기보다는 적극적으로 받
아넘기는 식으로 사용한다.

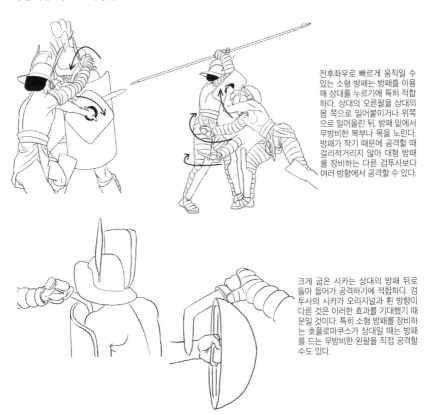

전후좌우로 빠르게 움직일 수
있는 소형 방패는 방패를 이용
해 상대를 누르기에 특히 적합
하다. 상대의 오른팔을 상대의
몸 쪽으로 밀어붙이거나 위쪽
으로 밀어올린 뒤, 방패 밑에서
무방비한 복부나 목을 노린다.
방패가 작기 때문에 공격할 때
걸리적거리지 않아 대형 방패
를 장비하는 다른 검투사보다
여러 방향에서 공격할 수 있다.

크게 굽은 시카는 상대의 방패 뒤로
돌아 들어가 공격하기에 적합하다. 검
투사의 시카가 오리지널과 휜 방향이
다른 것은 이러한 효과를 기대했기 때
문일 것이다. 특히 소형 방패를 장비하
는 호플로마쿠스가 상대일 때는 방패
를 드는 무방비한 왼팔을 직접 공격할
수도 있다.

벨레스
Veles

장비 : 방패, 투창, 검.	
대전 상대 : 벨레스?	활동 시기 : 공화정 시대.

　군단의 경장보병 벨리테스(단수형 : Veles, 복수형 : Velites)가 모델이라고 여겨지는 검투사. 기록이 거의 남아 있지 않지만 얼마 안 되는 기록을 종합하면 군단병 벨리테스와 흡사한 장비로 싸웠던 듯하다.

전법

　장비로 보아 처음에는 투창을 사용하다가 그 후 검으로 싸우는 벨리테스와 동일한 전법을 취했을 것이다. 투창을 몇 자루 지녔는지는 알 수 없으나, 후세의 부조에 나타나듯 조수가 예비용 창을 들고 있었을 가능성도 있다.

벨레스 추정 복원도.

부록

메소포타미아

M 1
길가메시와 하늘의 황소.

M 2
도기판. 기원전 2900~2800년.

1   2   3

그리스 · 로마

G 1

G 2

G 3

G 4

G 5

G 6

G 7

G 9
팜필리아의 동전
기원전 420~370년

G 10

G 11

G 12

G 13
테세우스와 케르키온의 싸움

G 14
튀니지에서 출토한 모자이크.
서기 4세기

G 15

G 16

고대 이집트

사카라. 피장자(被葬者) 프타호테프, 제5왕조, 기원전 25~24세기.

PT-1

PT-2

PT-3

PT-4

AB 아부시르, 사후레 왕 장제신전, 제5왕조, 기원전 25세기.

AB-2

AB-4

AB-5

226

BH2A

베니하산 제2호 무덤 · 현실 동벽 중앙부, 피장자 아메넴헤트 또는 아메니.
제12왕조, 기원전 20세기.

BH2A-2

BH2A-3

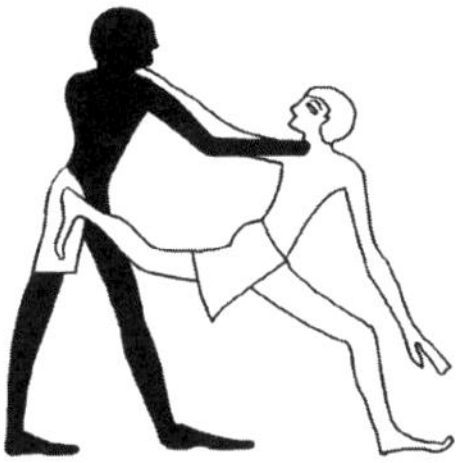

BH2A-4

BH2A-6

BH2B

베니하산 제2호 무덤 · 현실 동벽 남부.

BH2B-1

BH2B-3

BH2B-4

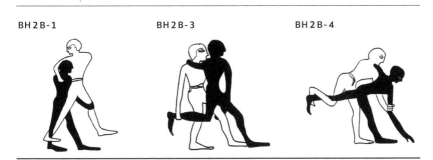

BH 2 B- 5

BH 2 B- 6

BH 2 B- 8

BH 2 B-10

BH 2 B-11

BH 2 B-13

BH 2 B-15

BH 2 B-16

BH 2 B-18

BH 2 B-19

BH 2 B-21

BH 2 B-22

BH2B-23

BH2B-24

BH2B-27

BH2B-28

BH2C | 베니하산 제2호 무덤 · 현실 동벽 북부.

BH2C-1

BH2C-2

BH2C-3

BH2C-4

BH2C-5

BH2C-6

BH2C-7

BH2C-9

BH2C-11

BH2C-14

BH2C-15

BH2C-17

BH2C-20

BH2C-21

BH 15

베니하산 제15호 무덤 · 현실 동벽. 피장자 바케트 3세. 제11왕조.
기원전 21세기.

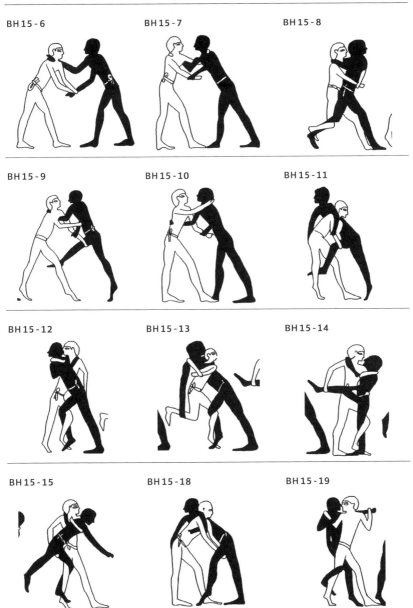

BH 15 - 6

BH 15 - 7

BH 15 - 8

BH 15 - 9

BH 15 - 10

BH 15 - 11

BH 15 - 12

BH 15 - 13

BH 15 - 14

BH 15 - 15

BH 15 - 18

BH 15 - 19

BH15-20

BH15-22

BH15-25

BH15-26

BH15-27

BH15-29

BH15-30

BH15-31

어깨메치기. 기술 (W2-2-5)의 실패 예

BH15-32

BH15-33

BH15-35

흑의 메치기 첫 동작

BH15-36

BH 15 - 40

BH 15 - 42

BH 15 - 43

BH 15 - 44

BH 15 - 45

BH 15 - 46

BH 15 - 51

BH 15 - 53

BH 15 - 54

BH 15 - 56

BH 15 - 57

BH 15 - 58

BH 15-60   BH 15-61   BH 15-64

BH 15-65   BH 15-66   BH 15-67

BH 15-69   BH 15-71   BH 15-73

BH 15-75   BH 15-76   BH 15-83

BH 15 - 84

BH 15 - 86

BH 15 - 88

BH 15 - 89

BH 15 - 90

BH 15 - 91

BH 15 - 93

BH 15 - 94

BH 15 - 97

BH 15 - 99

BH 15 - 100

BH 15 - 101

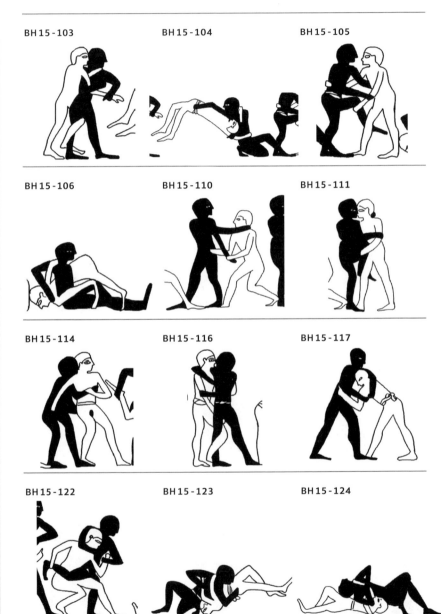

BH 15 - 103 BH 15 - 104 BH 15 - 105

BH 15 - 106 BH 15 - 110 BH 15 - 111

BH 15 - 114 BH 15 - 116 BH 15 - 117

BH 15 - 122 BH 15 - 123 BH 15 - 124

BH15-128

BH15-129

BH15-130

BH15-131

BH15-132

BH15-133

BH15-137

BH15-138

BH15-139

BH15-141

BH15-144
헤드록의 카운터

BH15-147

BH 15-148

BH 15-149

BH 15-150

BH 15-151

BH 15-153

BH 15-156

BH 15-157

BH 15-158

BH 15-161

BH 15-162

BH 15-167

BH 15-168

BH 15-170

BH 15-171

BH 15-172

BH 15-174

BH 15-175

BH 15-176

BH 15-179

BH 15-180

BH 15-182

BH 15-183

BH 15-185

BH 15-186

BH 15-189

BH 15-190

BH 15-191

BH 15-192

BH 15-194

BH 15-195

BH 15-198
싱글레그 테이크다운의 카운터

BH 15-199

BH 15-200

BH 15-202

BH 15-203

BH 15-204

BH 15 - 206

BH 15 - 207

BH 15 - 212

BH 15 - 213

BH 15 - 216

BH 17 | 베니하산 제17호 무덤 · 현실 동벽 중앙, 피장자 케티, 제11왕조, 기원전 21세기.

BH 17 - 1

BH 17 - 2

BH 17 - 3

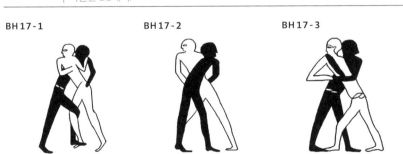

BH 17-4

BH 17-5

BH 17-6

BH 17-8

BH 17-9

BH 17-10

BH 17-11

BH 17-13

BH 17-14

BH 17-15

BH 17-16

BH 17-17

BH 17 - 18

BH 17 - 19

BH 17 - 20

BH 17 - 21
(BH17-20)의 연속 동작

BH 17 - 22
(BH17-21)의 연속 동작

BH 17 - 23

BH 17 - 24

BH 17 - 25

BH 17 - 26

BH 17 - 27

BH 17 - 28

BH 17 - 29

BH 17-30

BH 17-31

BH 17-32

BH 17-33

BH 17-34

BH 17-35

BH 17-39

BH 17-40

BH 17-42

BH 17-43

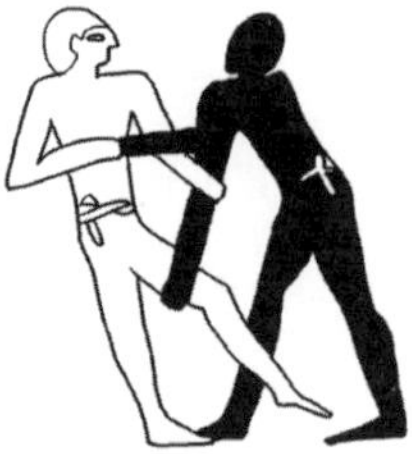

BH 17-44

BH 17-46

BH 17-47

BH 17-49

BH 17-50

BH 17-51

BH 17-52

BH 17-53

BH 17-54

BH 17-55

BH 17-56

BH 17-57

BH 17-58

BH 17-59

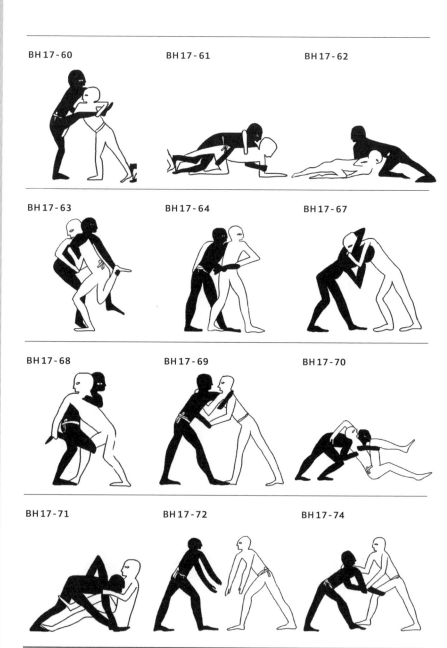

BH 17-60

BH 17-61

BH 17-62

BH 17-63

BH 17-64

BH 17-67

BH 17-68

BH 17-69

BH 17-70

BH 17-71

BH 17-72

BH 17-74

BH 17-75

BH 17-76

BH 17-77

BH 17-80

BH 17-81

BH 17-82

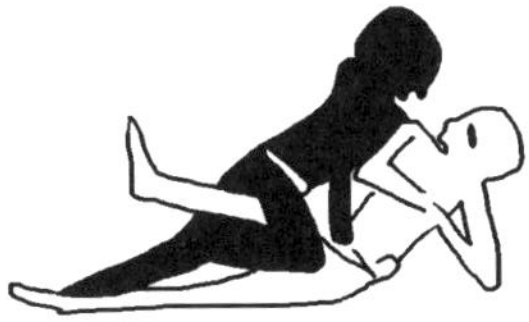

BH 17-84

BH 17-86

BH 17-88

BH 17-89

BH 17-90

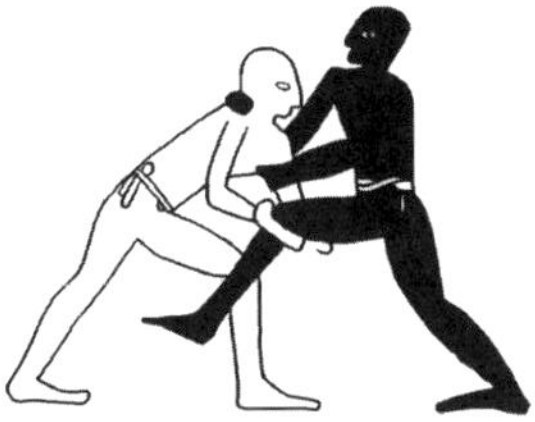

BH 17-91

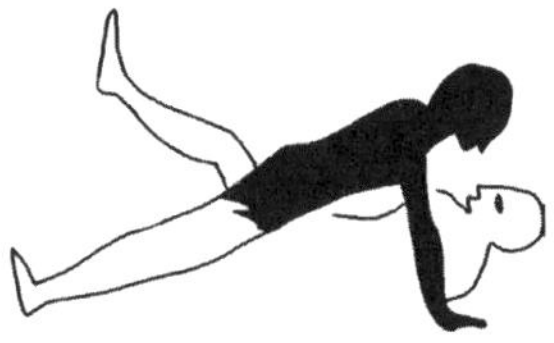

BH 17-93

BH 17-95

BH 17-96

BH 17-97

BH 17-98

BH 17-99

BH 17-100

BH 17-101

BH 17-103

BH 17-104

BH 17-105

BH 17-107

BH 17-108

BH 17-111

BH 17-112

BH 17-113

BH 17-114

BH 17-115

BH 17-116

BH 17-117

BH 29 | 베니하산 제29호 무덤, 피장자 바케트 1세, 제11왕조, 기원전 21세기.

BH 29 - 3

BH 29 - 4

BH 29 - 5

KR | 테베 제192호 무덤, 피장자 케로에프(케루에프), 제18왕조, 기원전 1500년.

KR-1-1

KR-1-2

KR-2-2

MH | 메디네트 하부, 람세스 3세 장제신전, 제20왕조, 기원전 12세기 중반.

MH-1

MH-3

MR | 메이르, 무덤 유적 B-2, 피장자 우크호테프, 제12왕조, 기원전 20세기.

MR-2

EG | 고대 이집트, 그 외.

EG-1

아마르나의 분묘. 제18왕조,
기원전 14세기.

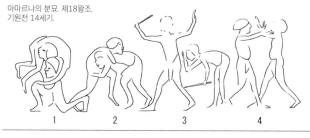

1   2   3   4

주요 참고문헌

Armstrong, Walter. (1890) Wrestling. US.

Baker, Alan. (2000) Gladiator, the: The secret history of Rome's warrior slaves. UK

Blackman, Aylward. (1915) Rock Tombs of Meir Pt. 2, the. UK.

Carlsen, Jesper. Exemplary Deaths in the Arena: Gladitorial Fights and the Execution of Criminals. Contextualising Early Christian Martyrdom.

Carlsen, Jasper. (2014) Gladiators in Ancient Halikarnassos. ΛΑΒΡΥΣ. SWE.

Carroll, Scott T. (1998) Ancient Nubian Wrestling. Journal of Sport History, vol15, no. 2.

Carter, Michael. (2003) Gladiatorial Ranking and the SC de Pretiis Gladiatorum Minuendis (CIL II 6278 = ILS 5163). Phoenix.

Carter, M. J. (2006/2007) Gladiatorial Combat: the Rule of Engagement. The Classical Journal. Vol. 102. No. 2.

Coulston, Jon. (2009) Victory and Defeat in the Roman Arena: The Evidence of Gladiatorial Iconography. Roman Amphitheatre and Spectacula. UK

Crowther, Nigel. B. (2007). Sports in Ancient Times. UK.

Dervenis, Kostas AND Lykiardopoulos, Nektarios. (2005) Martial Arts of Ancient Greece. US

Epigraphic Survey, the & Department of Antiquities of Egypt, the. (1980) The Tomb of Kheruef: Theban Tomb 192. The University of Chicago Oriental Institute Publications Volume 102. US.

Finley, M. & Pleket H. (1976) Olympic Games, the: the First Years. US.

Hamed, Ahmed Ebied Ali, (2015) Sports Leisure: Artistic Perspectives in Ancient Egyptian Temples.

Heidari, Kashayar, Inernational Zurkhaneh Sports Federation. (2012) Zurkhaneh Guidebook. AU.

Holscher, Uvo. (1941) Mortuary Temple of Rameses III, the. US.

König, Jason. (2009) Training Atheletes and Interpreting the Past in Philostratus' Gymnastics. Philostratus. UK.

Matthews, Rupert. (2003) Age of Gladiators, the. UK.

Moshtagh Khorasani, Manouchehr(2013)Persian Archery and Swordmanship. Germany

Murray, Steven Ross. The Boxing Gloves of the ancient world. Mesa state university.

Neubauer, W. Seren, S. Hinterleitner, A. Doneus, M. Löcker, K. Trinks, I. Nau, E. Pregesbauer, M.

Kucera, M. Verhoben, G. Discovery of a Gladiator School at Carnuntum, the.

Newberry, Percy E. (1893) Beni Hasan part I. UK.

Newberry, Percy E. (1893) Beni Hasan part II. UK.

Norman Gardiner, E. (2002)(1955, first published 1930) Athletics in the Ancient World. UK

Nossov, Konstantin. (2009) Gladiator; Rome's bloody spectacles. UK.

Papakonstantinou, Zinon. (2013) Two Boxers in a Fourth-century B.C. Athenian defixio. Kultur(en) Formen des Alltägrichen in der Antike. AUS.

Philostratus, Lucius Flavius (original), Woody, Thomas. (original 3rd c AD, trans 1936) Philostratus: Concerning Gymnastics. US.

Piccione, Peter A. (1999) Sportive Fencing as a Ritual to Destroy the Enemies of Horus. Gold of Praise: Studies on Ancient Egypt in Honour of Edward F. Wente. US.

Quibell, J. E.& Paget, R. P. E. & Pirie, A. A. (1898) Ramesseum, the & Tomb of Ptah-hetep, the. UK.

Shannon, Jake. Say Uncle!: Catch-as-catch-can Wrestling.

Swaddling, Judith. (2011)(1999 first) Ancient Olympic Games, the. UK.

창작을 꿈꾸는 이들을 위한 안내서
AK 트리비아 시리즈

-AK TRIVIA BOOK-

No. 01 도해 근접무기

오나미 아츠시 지음 | 이창협 옮김 | 228쪽 | 13,000원

근접무기, 서브 컬처적 지식을 고찰하다!
검, 도끼, 창, 곤봉, 활 등 현대적인 무기가
등장하기 전에 사용되던 냉병기에 대한 개
설서. 각 무기의 형상과 기능, 유형부터 사용 방법은 물론
서브컬처의 세계에서 어떤 모습으로 그려지는가에 대해
서도 상세히 해설하고 있다.

No. 02 도해 크툴루 신화

모리세 료 지음 | AK커뮤니케이션즈 편집부 옮김 |
240쪽 | 13,000원

우주적 공포, 현대의 신화를 파헤치다!
현대 환상 문학의 거장 H.P 러브크래프트
의 손에 의해 창조된 암흑 신화인 크툴루 신화. 111가지
의 키워드를 선정, 각종 도해와 일러스트를 통해 크툴루
신화의 과거와 현재를 해설한다.

No. 03 도해 메이드

이케가미 료타 지음 | 코트랜스 인터내셔널 옮김 |
238쪽 | 13,000원

메이드의 모든 것을 이 한 권에!
메이드에 대한 궁금증을 확실하게 해결해
주는 책. 영국, 특히 빅토리아 시대의 사회를 중심으로,
실존했던 메이드의 삶을 보여주는 가이드북.

No. 04 도해 연금술

쿠사노 타쿠미 지음 | 코트랜스 인터내셔널 옮김 |
220쪽 | 13,000원

기적의 학문, 연금술을 짚어보다!
연금술사들의 발자취를 따라 연금술에 대
해 자세하게 알아보는 책. 연금술에 대한 풍부한 지식을
쉽고 간결하게 정리하여, 체계적으로 해설하며, '진리'를
위해 모든 것을 바친 이들의 기록이 담겨있다.

No. 05 도해 핸드웨폰

오나미 아츠시 지음 | 이창협 옮김 | 228쪽 | 13,000원

모든 개인화기를 총망라!
권총, 소총, 기관총, 어설트 라이플, 샷건, 머
신건 등, 개인 화기를 지칭하는 다양한 명칭
들은 대체 무엇을 기준으로 하며 어떻게 붙여진 것일까?
개인 화기의 모든 것을 기초부터 해설한다.

No. 06 도해 전국무장

이케가미 료타 지음 | 이재경 옮김 | 256쪽 | 13,000원

전국시대를 더욱 재미있게 즐겨보자!
소설이나 만화, 게임 등을 통해 많이 접할
수 있는 일본 전국시대에 대한 입문서. 무
장들의 활약상, 전국시대의 일상과 생활까지 상세히 서
술, 전국시대에 쉽게 접근할 수 있도록 구성했다.

No. 07 도해 전투기

가와노 요시유키 지음 | 문우성 옮김 | 264쪽 | 13,000원

빠르고 강력한 병기, 전투기의 모든 것!
현대전의 정점인 전투기. 역사와 로망 속
의 전투기에서 최신예 스텔스 전투기에 이
르기까지, 인류의 전쟁사를 바꾸어놓은 전투기에 대하여
상세히 소개한다.

No. 08 도해 특수경찰

모리 모토사다 지음 | 이재경 옮김 | 220쪽 | 13,000원

실제 SWAT 교관 출신의 저자가 특수경찰
의 모든 것을 소개!
특수경찰의 훈련부터 범죄 대처법, 최첨단
수사 시스템, 기밀 작전의 아슬아슬한 부분까지 특수경
찰을 저자의 풍부한 지식으로 폭넓게 소개한다.

No. 09 도해 전차

오나미 아츠시 지음 | 문우성 옮김 | 232쪽 | 13,000원

지상전의 왕자, 전차의 모든 것!
지상전의 지배자이자 절대 강자 전차를 소
개한다. 전차의 힘과 이를 이용한 다양한
전술, 그리고 그 독특한 모습까지, 알기 쉬운 해설과 상세
한 일러스트로 전차의 매력을 전달한다.

No. 10 도해 헤비암즈

오나미 아츠시 지음 | 이재경 옮김 | 232쪽 | 13,000원

전장을 압도하는 강력한 화기, 총집합!
전장의 주역, 보병들의 든든한 버팀목인 강
력한 화기를 소개한 책. 대구경 기관총부터
유탄 발사기, 무반동총, 대전차 로켓 등, 압도적인 화력으
로 전장을 지배하는 화기에 대하여 알아보자

No. 11 도해 밀리터리 아이템

오나미 아츠시 지음 | 이재경 옮김 | 236쪽 | 13,000원

군대에서 쓰이는 군장 용품을 완벽 해설!
이제 밀리터리 세계에 발을 들이는 입문자
들을 위해 '군장 용품'에 대해 최대한 알기
쉽게 다루는 책, 세부적인 사항에 얽매이지 않고, 상식적
으로 갖추어야 할 기초지식을 중심으로 구성되어 있다.

No. 12 도해 악마학

쿠사노 타쿠미 지음 | 김문광 옮김 | 240쪽 | 13,000원

악마에 대한 모든 것을 남은 총집서!
악마학의 시작부터 현재까지의 그 연구 및
발전 과정을 한눈에 알아볼 수 있도록 구성
한 책, 단순한 흥미를 뛰어넘어 영적이고 종교적인 지식
의 깊이까지 더할 수 있는 내용으로 구성.

No. 13 도해 북유럽 신화

이케가미 료타 지음 | 김문광 옮김 | 228쪽 | 13,000원

세계의 탄생부터 라그나로크까지!
북유럽 신화의 세계관, 등장인물, 여러 신과
영웅들이 사용한 도구 및 마법에 대한 설명
까지! 당시 북유럽 국가들의 생활상을 통해 북유럽 신화
에 대한 이해도를 높일 수 있도록 심층적으로 해설한다.

No. 14 도해 군함

다카하라 나루미 외 1인 지음 | 문우성 옮김 | 224쪽 |
13,000원

20세기의 전함부터 항모, 전략 원잠까지!
군함에 대한 입문서 종류와 개발사, 구조,
제원 등의 기본부터, 승무원의 일상, 정비 비용까지 어렵
게 여겨질 만한 요소를 도표와 일러스트로 쉽게 해설한다.

No. 15 도해 제3제국

모리세 료 외 1인 지음 | 문우성 옮김 | 252쪽 | 13,000원

나치스 독일 제3제국의 역사를 파헤친다!
아돌프 히틀러 통치하의 독일 제3제국에
대한 개로서. 나치스가 권력을 장악한 과정
부터 조직 구조, 조직을 이끈 핵심 인물과 상호 관계와 갈
등, 대립 등, 제3제국의 역사에 대해 해설한다.

No. 16 도해 근대마술

하니 레이 지음 | AK커뮤니케이션즈 편집부 옮김 |
244쪽 | 13,000원

현대 마술의 개념과 원리를 철저 해부!
마술의 종류와 개념, 이름을 남긴 마술사와
마술 단체, 마술에 쓰이는 도구 등을 설명한다. 겉핥기식
의 설명이 아닌, 역사와 각종 매체 속에서 마술이 어떤 영
향을 주었는지 심층적으로 해설하고 있다.

No. 17 도해 우주선

모리세 료 외 1인 지음 | 이재경 옮김 | 240쪽 | 13,000원

우주를 꿈꾸는 사람들을 위한 추천서!
우주공간의 과학적인 설명은 물론, 우주선
의 태동에서 발전의 역사, 재질, 발사와 비
행의 원리 등, 어떤 원리로 날아다니고 착륙할 수 있는지,
자세한 도표와 일러스트를 통해 해설한다.

No. 18 도해 고대병기

미즈노 히로키 지음 | 이재경 옮김 | 224쪽 | 13,000원

역사 속의 고대병기, 집중 조명!
지혜와 과학의 결정체, 병기, 그중에서도 고
대의 병기를 집중적으로 조명, 단순한 병기
의 나열이 아닌, 각 병기의 탄생 배경과 활약상, 계보, 작
동 원리 등을 상세하게 다루고 있다.

No. 19 도해 UFO

사쿠라이 신타로 지음 | 서형주 옮김 | 224쪽 | 13,000원

UFO에 관한 모든 지식과, 그 허와 실.
첫 번째 공식 UFO 목격 사건부터 현재까지,
세계를 떠들썩하게 만든 모든 UFO 사건
을 다룬다. 수많은 미스터리는 물론, 종류, 비행 패턴 등
UFO에 관한 모든 지식들을 알기 쉽게 정리했다.

No. 20 도해 식문화의 역사

다카하라 나루미 지음 | 채다인 옮김 | 244쪽 | 13,000원

유럽 식문화의 변천사를 조명한다!
중세 유럽을 중심으로, 음식문화의 변화를
설명한다. 최초의 조리 역사부터 식재료, 예
절, 지역별 선호메뉴까지, 시대상황과 분위기, 사람들의
인식이 어떠한 영향을 끼쳤는지 흥미로운 사실을 다룬다.

No. 21 도해 문장
신노 케이 지음 | 기미정 옮김 | 224쪽 | 13,000원
역사와 문화의 시대적 상징물, 문장!
기나긴 역사 속에서 문장이 어떻게 만들어
졌고, 어떤 도안들이 이용되었는지, 발전 과
정과 유럽 역사 속 위인들의 문장이나 특징적인 문장의
인물에 대해 설명한다.

No. 22 도해 게임이론
와타나베 타카히로 지음 | 기미정 옮김 | 232쪽
13,000원
이론과 실용 지식을 동시에!
죄수의 딜레마, 도덕적 해이, 제로섬 게임
등 다양한 사례 분석과 알기 쉬운 해설을 통해, 누구나가
쉽고 직관적으로 게임이론을 이해하고 현실에 적용할 수
있도록 도와주는 최고의 입문서.

No. 23 도해 단위의 사전
호시다 타다히코 지음 | 문수성 옮김 | 208쪽 | 13,000원
세계를 바라보고, 규정하는 기준이 되는 단
위를 풀어보자!
전 세계에서 사용되는 108개 단위의 역사
와 사용 방법 등을 해설하는 본격 단위 사전. 정의와 기
준. 유래, 측정 대상 등을 명쾌하게 해설한다.

No. 24 도해 켈트 신화
이케가미 료타 지음 | 곽형준 옮김 | 264쪽 | 13,000원
쿠 훌린과 핀 막 쿨의 세계!
켈트 신화의 세계관, 각 설화와 전설의 주요
등장인물들! 이야기에 따라 내용뿐만 아니
라 등장인물까지 뒤바뀌는 경우도 있는데, 그런 특별한
사항까지 다루어, 신화의 읽는 재미를 더한다.

No. 25 도해 항공모함
노가미 아키토 외 1인 지음 | 오광웅 옮김 | 240쪽 |
13,000원
군사기술의 결정체, 항공모함 철저 해부!
군사력의 상징이던 거대 전함을 과거의 유
물로 전락시킨 항공모함. 각 국가별 발달의 역사와 임무,
영향력에 대한 광범위한 자료를 한눈에 파악할 수 있다.

No. 26 도해 위스키
츠치야 마모루 지음 | 기미정 옮김 | 192쪽 | 13,000원
위스키, 이제는 제대로 알고 마시자!
다양한 음용법과 글라스의 차이, 바 또는 집
에서 분위기 있게 마실 수 있는 방법까지,
위스키의 맛을 한층 돋아주는 필수 지식이 가득! 세계적
인 위스키 평론가가 전하는 입문서의 결정판.

No. 27 도해 특수부대
오나미 아츠시 지음 | 오광웅 옮김 | 232쪽 | 13,000원
불가능이란 없다! 전장의 스페셜리스트!
특수부대의 탄생 배경. 종류, 규모, 각종 임
무, 그들만의 특수한 장비. 어떠한 상황에서
도 살아남기 위한 생존 기술까지 모든 것을 보여주는 책.
왜 그들이 스페셜리스트인지 알게 될 것이다.

No. 28 도해 서양화
다나카 쿠미코 지음 | 김상호 옮김 | 160쪽 | 13,000원
서양화의 변천사와 포인트를 한눈에!
르네상스부터 근대까지, 시대를 넘어 사랑
받는 명작 84점을 수록. 각 작품들의 배경
과 특징, 그림에 담겨있는 비유적 의미와 기법 등. 감상
포인트를 명쾌하게 해설하였으며, 더욱 깊은 이해를 위
한 역사와 종교 관련 지식까지 담겨있다.

No. 29 도해 갑자기
그림을 잘 그리게 되는 법
나카야마 시게노부 지음 | 이연희 옮김 | 204쪽 | 13,000원
멋진 일러스트의 초간단 스킬 공개!
투시도와 원근법만으로, 멋지고 입체적인
일러스트를 그릴 수 있는 방법! 그림에 대한 재능이 없다
생각 말고 읽어보자. 그림이 극적으로 바뀔 것이다.

No. 30 도해 사케
키미지마 사토시 지음 | 기미정 옮김 | 208쪽 | 13,000원
사케를 더욱 즐겁게 마셔 보자!
선택, 법, 온도, 명칭, 안주와의 궁합, 분위기
있게 마시는 법 등. 사케의 맛을 한층 더 즐
길 수 있는 모든 지식이 담겨 있다. 일본 요리의 거장이
전해주는 사케 입문서의 결정판.

No. 31 도해 흑마술
쿠사노 타쿠미 지음 | 곽형준 옮김 | 224쪽 | 13,000원
역사 속에 실존했던 흑마술을 총망라!
악령의 힘을 빌려 행하는 사악한 흑마술을
총망라한 책. 흑마술의 정의와 발전, 기본
법칙을 상세히 설명한다. 또한 여러 국가에서 행해졌던
흑마술 사건들과 관련 인물들을 소개한다.

No. 32 도해 현대 지상전
모리 모토사다 지음 | 정은택 옮김 | 220쪽 | 13,000원
아프간 이라크! 현대 지상전의 모든 것!!
저자가 직접, 실제 전장에서 활동하는 군인
은 물론 민간 군사기업 관계자들과도 폭넓
게 교류하면서 얻은 정보들을 아낌없이 공개한 책. 현대
전에 투입되는 지상전의 모든 것을 해설한다.

No. 33 도해 건파이트

오나미 아츠시 지음 | 송명규 옮김 | 232쪽 | 13,000원

총격전에서 일어나는 상황을 파헤친다!
영화, 소설, 애니메이션 등에서 볼 수 있는
총격전. 그 장면들은 진짜일까? 실전에서는
총기를 어떻게 다루고, 어디에 몸을 숨겨야 할까. 자동차
추격전에서의 대처법 등 건 액션의 핵심 지식.

No. 34 도해 마술의 역사

쿠사노 타쿠미 지음 | 김진아 옮김 | 224쪽 | 13,000원

마술의 탄생과 발전 과정을 알아보자!
고대에서 현대에 이르기까지 마술은 문화
의 발전과 함께 널리 퍼져나갔으며, 다른 마
술과 접촉하면서 그 깊이를 더해왔다. 마술의 발생시기
와 장소, 변모 등 역사와 개요를 상세히 소개한다.

No. 35 도해 군용 차량

노가미 아키토 지음 | 오광웅 옮김 | 228쪽 | 13,000원

지상의 왕자, 전차부터 현대의 바퀴달린 사
역마까지!!
전투의 핵심인 전투 차량부터 눈에 띄지 않
는 무대에서 묵묵히 임무를 다하는 각종 지원 차량까지.
각자 맡은 임무에 충실하도록 설계되고 고안된 군용 차
량만의 다채로운 세계를 소개한다.

No. 36 도해 첩보·정찰 장비

사카모토 아키라 지음 | 문성호 옮김 | 228쪽 | 13,000원

승리의 열쇠 정보! 정보전의 모든 것!
소음총, 소형 폭탄, 소형 카메라 및 통신기
등 영화에서나 등장할 법한 첩보원들의 특
수장비부터 정찰 위성에 이르기까지 첩보 및 정찰 장비
들을 400점의 사진과 일러스트로 설명한다.

No. 37 도해 세계의 잠수함

사카모토 아키라 지음 | 류재학 옮김 | 242쪽 | 13,000원

바다를 지배하는 침묵의 암살자, 잠수함.
잠수함은 두 번의 세계대전과 냉전기를 거
쳐, 최첨단 기술로 최신 무장시스템을 갖추
어왔다. 원리와 구조, 승조원의 훈련과 임무, 생활과 전투
방법 등을 사진과 일러스트로 철저히 해부한다.

No. 38 도해 무녀

토키타 유스케 지음 | 송명규 옮김 | 236쪽 | 13,000원

무녀와 샤머니즘에 관한 모든 것!
무녀의 기원부터 시작하여 일본의 신사에
서 치르고 있는 각종 의식, 그리고 델포이의
무녀, 한국의 무당을 비롯한 세계의 샤머니즘과 각종 종
교를 106가지의 소주제로 분류하여 해설한다!

No. 39 도해 세계의 미사일 로켓 병기

사카모토 아키라 | 유병준·김성훈 옮김 | 240쪽
| 13,000원

ICBM부터 THAAD까지!
현대전의 진정한 주역이라 할 수 있는 미사
일. 보병이 휴대하는 대전차 로켓부터 공대공 미사일. 대
륙간 탄도탄. 그리고 근래 들어 언론의 주목을 받고 있는
ICBM과 THAAD까지 미사일의 모든 것을 해설한다!

No. 40 독과 약의 세계사

후나야마 신지 지음 | 진정숙 옮김 | 292쪽 | 13,000원

독과 약의 차이란 무엇인가?
화학물질을 어떻게 하면 유용하게 활용할
수 있는가 하는 것은 인류에 있어 중요한
과제 가운데 하나라 할 수 있다. 독과 약의 역사, 그리고
우리 생활과의 관계에 대하여 살펴보도록 하자.

No. 41 영국 메이드의 일상

무라카미 리코 지음 | 조아라 옮김 | 460쪽 | 13,000원

가사 노동자이며 직장 여성의 최대 다수를
차지했던 메이드의 일과 생활을 통해 영국
의 다른 면을 살펴본다. 『엠마 빅토리안 가
이드』의 저자 무라카미 리코의 빅토리안 시대 안내서.

No. 42 영국 집사의 일상

무라카미 리코 지음 | 기미정 옮김 | 292쪽 | 13,000원

집사, 남성 가사 사용인의 모든 것!
Butler, 즉 집사로 대표되는 남성 상급 사용
인. 그들은 어떠한 일을 했으며 어떤 식으로
하루를 보냈을까? 『엠마 빅토리안 가이드』의 저자 무라
카미 리코의 빅토리안 시대 안내서 제2탄.

No. 43 중세 유럽의 생활

가와하라 아쓰시 외 1 지음 | 남지연 옮김 | 260쪽 | 13,000원

새롭게 조명하는 중세 유럽 생활사
철저히 분류되는 중세의 신분. 그 중 「일하
는 자」의 일상생활은 어떤 것이었을까? 각
종 도판과 사료를 통해, 중세 유럽에 대해 알아보자.

No. 44 세계의 군복

사카모토 아키라 지음 | 진정숙 옮김 | 130쪽 | 13,000원

세계 각국 군복의 어제와 오늘!!
형태와 기능미가 절묘하게 융합된 의복인
군복. 제2차 세계대전에서 현대에 이르기
까지, 각국의 전투복과 정복 그리고 각종 장구류와 계급
장, 훈장 등. 군복만의 독특한 매력을 느껴보자!

No. 45 세계의 보병장비

사카모토 아키라 지음 | 이상언 옮김 | 234쪽 | 13,000원

현대 보병장비의 모든 것!
군에 있어 가장 기본이 되는 보병! 개인화기,
전투복, 군장, 전투식량, 그리고 미래의 장비
까지. 제2차 세계대전 이후 눈부시게 발전한 보병 장비와
현대전에 있어 보병이 지닌 의미에 대하여 살펴보자.

No. 46 해적의 세계사

모모이 지로 지음 | 김효진 옮김 | 280쪽 | 13,000원

「영웅」인가, 「공적」인가?
지중해, 대서양, 카리브해, 인도양에서 활동
했던 해적을 중심으로, 영웅이자 약탈자, 정
복자, 야심가 등 여러 시대에 걸쳐 등장했던 다양한 해적
들이 세계사에 남긴 발자취를 더듬어본다.

No. 47 닌자의 세계

야마키타 아츠시 지음 | 송명규 옮김 | 232쪽 | 13,000원

실제 닌자의 활약을 살펴본다!
어떠한 임무라도 완수할 수 있도록 닌자는
온갖 지혜를 짜내며 궁극의 도구와 인술을
만들어냈다. 과연 닌자는 역사 속에서 어떤 활약을 펼쳤
을까.

No. 48 스나이퍼

오나미 아츠시 지음 | 이상언 옮김 | 240쪽 | 13,000원

스나이퍼의 다양한 장비와 고도의 테크닉!
아군의 절체절명 위기에서 한 끗 차이의 절
묘한 타이밍으로 전세를 역전시키기도 하는
스나이퍼의 세계를 알아본다.

No. 49 중세 유럽의 문화

이케가미 쇼타 지음 | 이은수 옮김 | 256쪽 | 13,000원

심오하고 매력적인 중세의 세계!
기사, 사제와 수도사, 음유시인에 숙녀, 그
리고 농민과 상인과 기술자들. 중세 배경의
판타지 세계에서 자주 보았던 그들의 리얼한 생활을 풍
부한 일러스트와 표로 이해한다!

환상 네이밍 사전

신키겐샤 편집부 지음 | 유진원 옮김 | 288쪽 | 14,800원

의미 없는 네이밍은 이제 그만!
운명은 프랑스어로 무엇이라고 할까? 독일어, 일본어로는? 중국어로는? 더 나아가 이탈리아어, 러시아어, 그리스어, 라틴어, 아랍어에 이르기까지. 1,200개 이상의 표제어와 11개국어, 13,000개 이상의 단어를 수록!!

중2병 대사전

노무라 마사타카 지음 | 이재경 옮김 | 200쪽 | 14,800원

이 책을 보는 순간, 당신은 이미 궁금해하고 있다!
사춘기 청소년이 행동할 법한. 손발이 오그라드는 행동이나 사고를 뜻하는 중2병. 서브컬처 작품에 자주 등장하 는 중2병의 의미와 기원 등. 102개의 항목에 대해 해설과 칼럼을 곁들여 알기 쉽게 설명 한다.

크툴루 신화 대사전

고토 카츠 외 1인 지음 | 곽형준 옮김 | 192쪽 | 13,000원

신화의 또 다른 매력, 무한한 가능성!
H.P. 러브크래프트를 중심으로 여러 작가들의 설정이 거대한 세계관으로 자리잡은 크툴루 신화. 현대 서브 컬처에 지대한 영향을 끼치고 있다. 대중 문화 속에 알게 모르게 자리 잡은 크툴루 신화의 요소를 설명하는 본격 해설서.

문양박물관

H. 돌메치 지음 | 이지은 옮김 | 160쪽 | 8,000원

세계 문양과 장식의 정수를 담다!
19세기 독일에서 출간된 H.돌메치의 『장식의 보고』를 바탕으로 제작된 책이다. 세계 각지의 문양 장식을 소개한 이 책은 이론보다 실용에 초점을 맞춘 입문서. 화려하고 아름다운 전 세계의 문양을 수록한 실용적인 자료집으로 손꼽힌다.

고대 로마군 무기·방어구·전술 대전

노무라 마사타카 외 3인 지음 | 기미정 옮김 | 224쪽 | 13,000원

위대한 정복자, 고대 로마군의 모든 것!
부대의 편성부터 전술. 장비 등. 고대 최강의 군대라 할 수 있는 로마군이 어떤 집단이었는지 상세하게 분석하는 해설서. 압도적인 군사력으로 세계를 석권한 로마 제국. 그 힘의 전모를 철저하게 검증한다.

중세 유럽의 무술, 속 중세 유럽의 무술

오사다 류타 지음 | 남유리 옮김 | 각 권 672쪽~624쪽 | 각 권 29,000원

본격 중세 유럽 무술 소개서!
막연하게만 떠오르는 중세 유럽~르네상스 시대에 활약했던 검술과 격투술의 모든 것을 담은 책. 영화 등에서만 접할 수 있었던 유럽 중세시대 무술의 기본이념과 자세. 방어. 보법부터. 시대를 풍미한 각종 무술까지. 일러스트를 통해 알기 쉽게 설명한다.

도감 무기 갑옷 투구

이카라와 사다하루 외 3인 지음 | 남지연 옮김 | 448쪽 | 29,000원

역사를 망라한 궁극의 군장도감!
고대로부터 무기류처럼 당시 최신 기술의 정수와 함께 철학과 문화. 신념이 어우러져 완성되었다. 이 책은 그러한 무기들의 기능. 원리. 목적 등과 더불어 그 기원과 발전 양상 등을 그림과 표를 통해 알기 쉽게 설명하고 있다. 역사상 실재한 무기와 갑옷. 투구들을 통사적으로 살펴보자!

최신 군용 총기 사전

토코이 마사미 지음 | 오광웅 옮김 | 564쪽 | 45,000원

세계 각국의 현용 군용 총기를 총망라!
주로 군용으로 개발되었거나 군대 또는 경찰의 대테러부대처럼 충무장한 조직에 배치되어 사용되고 있는 소화기가 중점적으로 수록되어 있으며. 이외에도 각 제작사에서 국제 군수시장에 수출할 목적으로 개발. 시제품만이 소수 제작되었던 총기류도 함께 실려 있다.

초패미컴, 초초패미컴

타네 키요시 외 2인 지음 | 문성호 외 1인 옮김 | 각 권 360, 296쪽 | 각 14,800원

게임은 아직도 패미컴을 넘지 못했다!
패미컴 탄생 30주년을 기념하여. 1983년 『동키콩』부터 시작하여. 1994년 『타카하시 명인의 모험도 IV』까지 총 100여 개의 작품에 대한 리뷰를 담은 영구 소장판 패미컴과 함께했던 아련한 추억을 간직하고 있는 모든 이들을 위한 책이다.

초쿠소개 1,2

타네 키요시 외 2인 지음 | 문성호 옮김 |
각 권 224, 300쪽 | 각 권 14,800원

망작 게임들의 숨겨진 매력을 재조명!
『쿠소게クソゲー』란 '똥-クソ'과 '게임-Game'
의 합성어로, 어감 그대로 정말 못 만들고
재미없는 게임을 지칭할 때 사용되는 조어
이다. 우리말로 바꾸면 망작 게임 정도가 될
것이다. 레트로 게임에서부터 플레이스테이
션3까지 게이머들의 기대를 보란듯이 저버
렸던 수많은 쿠소게들을 총망라하였다.

초에로게, 초에로게 하드코어

타네 키요시 외 2인 지음 | 이은수 옮김 |
각 권 276쪽, 280쪽 | 각 권 14,800원

명작 18금 게임 총출동!
에로게란 '에로-エロ'와 '게임-Game'의 합성어
로, 말 그대로 성적인 표현이 담긴 게임을 지
칭한다. '에로게 헌터'라 자처하는 베테랑 저자
들의 엄격한 심사(?!)를 통해 선정된 '명작 에
로게'들에 대한 본격 리뷰집!!

세계의 전투식량을 먹어보다

키쿠즈키 토시유키 지음 | 오광웅 옮김 | 144쪽 | 13,000원

전투식량에 관련된 궁금증을 이 한권으로
해결!
전투식량이 전장에서 자리를 잡아가는 과
정과, 미국의 독립전쟁부터 시작하여 역사 속 여러 전쟁
의 전투식량 배급 양상을 살펴보는 책. 식품부터 식기까
지, 수많은 전쟁 속에서 전투식량이 어떠한 모습으로 등
장하였고 병사들은 이를 어떻게 취식하였는지, 흥미진진
한 역사를 소개하고 있다.

세계장식도 Ⅰ, Ⅱ

오귀스트 라시네 지음 | 이지은 옮김 | 각 권 160쪽 |
각 권 8,000원

공예 미술계 불후의 명작을 농축한 한 권!
19세기 프랑스에서 가장 유명한 디자이너
였던 오귀스트 라시네의 대표 저서 『세계장
식 도집성』에서 인상적인 부분을 뽑아내 콤
팩트하게 정리한 다이제스트판. 공예 미술
의 각 분야를 포괄하는 내용을 담은 책으로,
방대한 예시를 더욱 정교하게 소개한다.

서양 건축의 역사

사토 다쓰키 지음 | 조민경 옮김 | 264쪽 | 14,000원

서양 건축사의 결정판 가이드 북!
건축의 역사를 살펴보는 것은 당시 사람들
의 의식을 들여다보는 것과도 같다. 이 책
은 고대에서 중세, 르네상스기로 넘어오며 탄생한 다양
한 양식들을 당시의 사회, 문화, 기후, 토질 등을 바탕으
로 해설하고 있다.

세계의 건축

코우다 미노루 외 1인 지음 | 조민경 옮김 | 256쪽 |
14,000원

고품격 건축 일러스트 자료집!
시대를 망라하여, 건축물의 외관 및 내부의
장식을 정밀한 일러스트로 소개한다. 흔히 보이는 풍경
이나 딱딱한 도시의 건축물이 아닌, 고풍스러운 건물들
을 섬세하고 세밀한 선화로 표현하여 만화, 일러스트 자
료에 최적화된 형태로 수록하고 있다

지중해가 낳은 천재 건축가
-안토니오 가우디

이리에 마사유키 지음 | 김진아 옮김 | 232쪽 | 14,000원

천재 건축가 가우디의 인생, 그리고 작품
19세기 말~20세기 초의 카탈루냐 지역 및
그의 작품들이 지어진 바르셀로나의 지역사, 그리고 카
사 바트요, 구엘 공원, 사그라다 파밀리아 성당 등의 작품
들을 통해 안토니오 가우디의 생애를 본격적으로 살펴본
다.

민족의상 1,2

오귀스트 라시네 지음 | 이지은 옮김 |
각 권 160쪽 | 각 권 8,000원

화려하고 기품 있는 색감!!
디자이너 오귀스트 라시네의 『복식사』 전 6
권 중에서 민족의상을 다룬 부분을 바탕으
로 제작되었다. 당대에 정점에 올랐던 석판
인쇄 기술로 완성되어, 시대가 흘렀음에도
그 세세하고 풍부하고 아름다운 색감이 주
는 감동은 여전히 빛을 발한다.

중세 유럽의 복장
오귀스트 라시네 지음 | 이지은 옮김 | 160쪽 | 8,000원
고품격 유럽 민족의상 자료집!!
19세기 프랑스의 유명한 디자이너 오귀스트 라시네가 직접 당시의 민족의상을 그린 자료집. 유럽 각지에서 사람들이 실제로 입었던 민족의상의 모습을 그대로 풍부하게 수록하였다. 각 나라의 특색과 문화가 담겨 있는 민족의상을 감상할 수 있다.

그림과 사진으로 풀어보는 이상한 나라의 앨리스
구와바라 시게오 지음 | 조민경 옮김 | 248쪽 | 14,000원
매혹적인 원더랜드의 논리를 완전 해설!
산업 혁명을 통한 눈부신 문명의 발전과 그 그늘. 도덕주의와 엄숙주의, 위선과 허영이 병존하던 빅토리아 시대는 『원더랜드』의 탄생과 그 배경으로 어떻게 작용했을까? 순진 무구한 소녀 앨리스가 우연히 발을 들인 기묘한 세상의 완전 가이드북!!

그림과 사진으로 풀어보는 알프스 소녀 하이디
지바 가오리 외 지음 | 남지연 옮김 | 224쪽 | 14,000원
하이디를 통해 살펴보는 19세기 유럽사!
『하이디』라는 작품을 통해 19세기 말의 스위스를 알아본다. 또한 원작자 슈피리의 생애를 교차시켜 『하이디』의 세계를 깊이 파고든다. 『하이디』를 읽을 사람은 물론, 작품을 보다 깊이 감상하고 싶은 사람에게 있어 좋은 안내서가 되어줄 것이다.

영국 귀족의 생활
다나카 료조 지음 | 김상호 옮김 | 192쪽 | 14,000원
영국 귀족의 우아한 삶을 조명한다
현대에도 귀족제도가 남아있는 영국. 귀족이 영국 사회에서 어떠한 의미를 가지고 또 기능하는지, 상세한 설명과 사진자료를 통해 귀족 특유의 화려함과 고상함의 이면에 자리 잡은 책임과 무게, 귀족의 삶 깊숙한 곳까지 스며든 '노블레스 오블리주'의 진정한 의미를 알아보자.

요리 도감
오치 도요코 지음 | 김세원 옮김 | 384쪽 | 18,000원
요리는 힘! 삶의 저력을 키워보자!!
이 책은 부모가 자식에게 조곤조곤 알려주는 요리 조언집이다. 처음에는 요리가 서툴고 다소 귀찮게 느껴질지 모르지만, 약간의 요령과 습관만 익히면 스스로 요리를 완성한다는 보람과 매력, 그리고 요리라는 삶의 지혜에 눈을 뜨게 될 것이다.

사육 재배 도감
아라사와 시게오 지음 | 김민영 옮김 | 384쪽 | 18,000원
동물과 식물을 스스로 키워보자!
생명을 돌보는 것은 결코 쉬운 일이 아니다. 꾸준히 손이 가고, 인내심과 동시에 책임감을 요구하기 때문이다. 그럴 때 이 책과 함께 한다면 어떨까? 살아있는 생명과 함께하며 성숙해진 마음은 그 무엇과도 바꿀 수 없는 보물로 남을 것이다.

식물은 대단하다
다나카 오사무 지음 | 남지연 옮김 | 228쪽 | 9,800원
우리 주변의 식물들이 지닌 놀라운 힘!
오랜 세월에 걸쳐 거목을 말려 죽이는 교살자 무화과나무, 딱지를 만들어 몸을 지키는 바나나 등 식물이 자신을 보호하는 아이디어, 환경에 적응하여 살아가기 위한 구조의 대단함을 해설한다. 동물은 흉내 낼 수 없는 식물의 경이로운 능력을 알아보자.

그림과 사진으로 풀어보는 마녀의 약초상자
니시무라 유코 지음 | 김상호 옮김 | 220쪽 | 13,000원
「약초」라는 키워드로 마녀를 추적하다!
정체를 알 수 없는 약물을 제조하거나 저주와 마술을 사용했다고 알려진 「마녀」란 과연 어떤 존재였을까? 그들이 제조해온 마법약의 재료와 제조법, 마녀들이 특히 많이 사용했던 여러 종의 약초와 그에 얽힌 이야기들을 통해 마녀의 비밀을 알아보자.

초콜릿 세계사-근대 유럽에서 완성된 갈색의 보석
다케다 나오코 지음 | 이지은 옮김 | 240쪽 | 13,000원
신비의 약이 연인 사이의 선물로 자리 잡기까지의 역사!
원산지에서 「신의 음료」라고 불렸던 카카오. 유럽 탐험가들에 의해 서구 세계에 알려진 이래, 19세기에 이르러 오늘날의 형태와 같은 초콜릿이 탄생했다. 전 세계로 널리 퍼질 수 있었던 초콜릿의 흥미진진한 역사를 살펴보자.

초콜릿어 사전
Dolcerica 가가와 리카코 지음 | 이지은 옮김 | 260쪽 | 13,000원
사랑스러운 일러스트로 보는 초콜릿의 매력!
나른해지는 오후, 기력 보충 또는 기분 전환 삼아 한 조각 먹게 되는 초콜릿. 『초콜릿어 사전』은 초콜릿의 역사와 종류, 제조법 등 기본 정보와 관련 용어 그리고 그 해설을 유머러스하면서도 사랑스러운 일러스트와 함께 싣고 있는 그림 사전이다.

판타지세계 용어사전

고타니 마리 감수 | 전흥식 옮김 | 248쪽 | 18,000원

판타지의 세계를 즐기는 가이드북!

온갖 신비로 가득한 판타지의 세계. 『판타지세계 용어사전』은 판타지의 세계에 대한 이해를 돕고 보다 깊이 즐길 수 있도록, 세계 각국의 신화, 전설, 역사적 사건 속의 용어들을 뽑아 해설하고 있으며, 한국어판 특전으로 역자가 엄선한 한국 판타지 용어 해설집을 수록하고 있다.

세계사 만물사전

헤이본사 편집부 지음 | 남지연 옮김 | 444쪽 | 25,000원

우리 주변의 교통 수단을 시작으로, 의복, 각종 악기와 음악, 문자, 농업, 신화, 건축물과 유적 등, 고대부터 제2차 세계대전 종전 이후까지의 각종 사물 약 3000점의 유래와 그 역사를 상세한 그림으로 해설한다.

고대 격투기

초판 1쇄 인쇄 2018년 11월 10일
초판 1쇄 발행 2018년 11월 15일

저자 : 오사다 류타
번역 : 남지연

펴낸이 : 이동섭
편집 : 이민규, 서찬웅, 탁승규
디자인 : 조세연, 백승주, 김현승
영업 · 마케팅 : 송정환
e-BOOK : 홍인표, 김영빈, 유재학, 최정수
관리 : 이윤미

㈜에이케이커뮤니케이션즈
등록 1996년 7월 9일(제302-1996-00026호)
주소 : 04002 서울 마포구 동교로 17안길 28, 2층
TEL : 02-702-7963~5 FAX : 02-702-7988
http://www.amusementkorea.co.kr

ISBN 979-11-274-1979-0 13690

"KODAI NO KAKUTOUGI" by Ryuta Osada
Copyright © Ryuta Osada 2016
All rights reserved.
Originally published in Japan by Shinkigensha Co Ltd, Tokyo.

This Korean edition published by arrangement with Shinkigensha Co Ltd, Tokyo
in care of Tuttle-Mori Agency, Inc., Tokyo

이 도서의 국립중앙도서관 출판예정도서목록(CIP)은 서지정보유통지원시스템 홈페이지(http://seoji.nl.go.kr)와
국가자료공동목록시스템(http://www.nl.go.kr/kolisnet)에서 이용하실 수 있습니다.(CIP제어번호: CIP2018033794)

*잘못된 책은 구입한 곳에서 무료로 바꿔드립니다.